蒙古源流

清·薩囊徹辰 撰

中國書店

刑部主事臣楊夢符覆勘

欽定四庫全書

欽定蒙古源流

提要

臣等謹按

欽定蒙古源流八卷乾隆四十二年奉

勅譯進其書本蒙古人所撰末有自敘稱庫圖克

徹辰鴻台吉之裔小徹辰薩囊台吉願知一

切因取各汗等源流約畧叙述並以講解精

妙意吉紅冊沙爾巴胡土克圖編纂之蓮花
漢史雜噶拉斡爾第汗所編之經卷源委古
昔蒙古汗源流大黄冊等七史合訂自乙丑
九宫值年八宫翼火蛇當值之二月十九日
角木蛟鬼金羊當值之辰起至六月初一日
角木蛟鬼金羊當值之辰告成書中所紀乃
額納特珂克土伯特蒙古汗傳世次序及供
養諸大喇嘛闡揚佛教之事而其國中興衰

治亂之跡亦多按年臚載首尾賅備頗與永
樂大典所載元朝秘史體例相近前者我
皇上幾餘覽古以元代奇渥溫得姓所自必史乘
傳譌詢之定邊左副將軍喀爾喀親王成衮
扎布因以此書進
御考證本末始知奇渥溫為却特之誤數百年之
承譌襲謬得藉以釐訂闡明既已揭其旨於
御批通鑑輯覽復以是編

宣付館臣譯以漢文潤色排批纂成八卷其第一
卷内言風壇水壇土壇初定各種生靈降世
因由及六噶拉卜乘除算量運數而歸於釋
迦牟尼佛教之所自興是為全書緣起次紀
額納特珂克圖汗世系首載星哈哈努汗之
曾孫薩爾斡阿爾塔實迪汗之子丹巴多克
噶爾成佛事而自烏迪雅納汗以下崇信佛
教諸大汗及七贊達七巴拉四錫納等汗則

俱詳著其名號與藏經內之釋迦譜約畧相
仿次紀土伯特汗世系始於尼雅特贊博汗
在善布山為衆所立終於札寔德汗大致亦
頗與西番嘉喇卜經合其中載持勒德蘇隆
贊娶唐太宗女文成公主持勒丹祖克丹汗
娶唐中宗弟景德王女金城公主核之唐書
太宗貞觀十五年以宗女文成公主妻吐蕃
贊普葉宗弄贊中宗景龍初以雍王守禮女

為金城公主妻吐蕃贊普葉隸蹜贊其事蹟
多屬相符是土伯特即吐蕃國號而唐書所
稱葉宗弄贊乃持勒德蘇隆贊之訛其汗世
以贊博為名與唐書所稱贊普亦音相近也
其第三卷以後則皆紀蒙古世系謂土伯特
色爾特贊博汗之季子布爾特齊諾避難必
至塔地方得重尊為君長數傳至勃端察爾
母曰阿隆郭斡哈屯感異夢而生又九傳至

元太祖與元本紀多相合而間有異同其稱
元太祖為索多博克達清吉斯汗元世祖為
呼必賚徹辰汗元順帝為托歡特穆爾烏哈
噶圖汗自順帝北奔後世傳汗號至林丹庫
克圖汗而為我
朝所克中間傳世次序名號生卒年歲釐然具
載詮敘極為詳悉明代帝系亦附著其畧其
最踳駁者如以庫色勒汗為元明宗弟在位

二十日史無其事又以明太祖為朱葛仕至左省長官讒殺托克托噶太師遂舉兵迫遜順帝亦為鑿空失實其他紀年前後亦往往與史乖迕蓋内地之事作書者僅據傳聞録之故不能盡歸確核至於塞外立國傳授源流以逮人地諸名語言音韻皆其所親知灼見自不同歷代史官摭合影響附會之詞妄加纂載以致魯魚謬戾不可復憑得此以定

正舛訛寔為有裨史學仰惟我
國家萬方同軌中外嚮風蒙古諸部久為臣僕
乃得以其流傳秘册充外史之儲藏用以參
考舊文盡卻耳食沿譌之陋一統同文之盛
治洵亘古為獨隆矣乾隆五十四年二月恭
校上

總纂官臣紀昀臣陸錫熊臣孫士毅

總校官臣陸費墀

欽定蒙古源流

人名

瑪哈薩瑪廸蘭咱額訥特可克語

莽貝古爾外嘉勒博土伯特語

鄂蘭納額爾古克德克森哈汗蒙古語

咱噶喇斡爾廸汗梵語

羅咱汗

噶里雅納汗
斡喇噶里雅納汗
烏特博哈達汗
滿達達汗
薩嘉班廸達
班辰沙克嘉錫哩
阿克沙巴達
僧格錫里巴達

阿賚努汗姓沙嘉
星哈哈努汗
蘓都達納
碩克洛達納
多囉諾達納
阿密哩都達納
蘓達廸女
舒噶拉廸女

囉納廸女
阿密里廸女
薩爾幹阿爾塔實廸
南廸
廸霞
巴廸哩噶
瑪哈納瑪
阿尼嚕達

阿南達
德斡達特
蘸卜喇布達
瑪里噶
巴達喇
外沙里
瑪哈瑪雅福晉女
丹達必尼

布竒噶公主
烏廸雅納汗
瑪哈默特噶拉斡尼
瑪哈巴特瑪
彬巴薩喇汗
巴喇哈瑪達廸
巴喇哈納資達汗
巴喇廸岳達汗

沙達尼噶
喇特納贊達喇
瑪爾吉實喇尚噶喇
星哈
達沙喇塔
烏巴里
噶實卜
阿羅漢

阿碩噶汗

巴廸里噶

噶尼噶汗

瑪哈德斡托音

巴蘓密達

班廸達

蘭扎賛達

哈里賛達

錫里贊達
昂吉贊達
達爾瑪贊達
必瑪拉贊達
郭容贊達
郭巴拉
達爾瑪巴拉
斡噶巴拉

喇木巴拉

廸木巴拉

茂巴拉

尼巴拉

巴拉錫納

噶伯錫納

諳達錫納

拉噶瑪錫納

瑪哈沙嘉

沙嘉里則必

沙嘉沙幹哩

班達巴汗

嚕巴廸

必喇滿 即婆羅門也

尼雅持贊博汗

穆持贊博汗

定持贊博汗

索持贊博汗

墨爾持贊博汗

達克持贊博汗

色哩持贊博汗

智固木贊博汗

隆阿木臣名

置持

博羅咱

布爾特齊諾

布德恭嘉勒汗即博羅匝

布隆錫勒克

庫嚕勒克

伊碩勒克

德魯納木松

色諾勒納木德

德諾勒納木

德諾勒博

德嘉勒博

德必林贊

多哩隆贊

持贊納木

持托克哲贊

拉托托哩年贊

地名

瑪噶達國

額訥特珂克

斡齊爾圖

土伯特

沙嘉姓

倫必花園

噶必里克城

阿蘭扎喇江

蘭咱吉爾哈城

祇陀園

斡喇克城

郭薩拉國

外沙里城

巴特薩拉國

穀楚織巴喇國

畢瑪拉雅納

喀齊國

古納實納國

扎拉勒達喇廟

雪山

雅爾隆姓

剛噶江即恒河

拉里姜托山

拉里囉勒博山
雅爾隆贊塘
善布雪山
寧博
包
恭布
溫博拉岡宮

欽定四庫全書

欽定蒙古源流

額訥特珂克土伯特蒙古汗等源流

納摩沽嚕嘛尼雅租鍋卡阿雅

頂禮三寶

三世諸佛

普度三界

三恩喇嘛

三才定位

克成庶類

佛度生靈

聖化炳蔚

試綜昔者額訥特珂克土伯特蒙古三國根本世基之載在舊史者而統論之凡一切依倚外象包羅者已定一切因緣生靈已成外象定自三壇起於風壇次及水壇定於土壇是也以言乎風壇則由無所有空十面大作

所向感被而温和碧色之風壇凝然定矣以言乎水壇則由觸於風壇彩雲疊布叢生聯綿陰雨以成無邊岸作鹹之大海而水壇定矣以言乎土壇則由金界冀土定若乳上凝脂以次各七七分數加添自細塵以至埃塵沙纖微野馬細末為一粒油麥七粒油麥為一寸二十四寸為一肘四肘為一丈至五百丈自一畫角聲聞處起至八畫角聲聞處為一里以如是甚多之里數名為大自在金地土壇其中山之大者為須彌山以及七金山七大海

四大部洲八小部洲一時顯然著矣内藏包羅者自初禪天一神變幻降世起漸漸蕃衍色界十七天無色界四天欲界二十天并過去未來現在世界之六種生靈以次而成因彼生靈神變而來故壽數無算雖生於世上行不踐地飛空而行不食下界所生穢穀惟食禪穀無論男女不自胎生皆由化生是時無有日月本身之光可以自照彼時不以人稱皆呼為生靈其後生靈萌發欲念有一生靈食下界一種糧穀衆皆效尤食之禪穀遂絶

遂皆食下界所生之穀不能空行於是墮地本身之光頓失不能自照而痴愚罪業漸從此起嗣因衆生修省之力遂現出日月星辰以燭其昏暗而得明爍矣其後衆生内復出一恣慾生靈得粒食於青苗而衆生亦俱從食之由是食用下界所產穢穀分別男婦生男生女嗜慾之罪業由此始矣其後衆生内復出一恣慾生靈獲不種自生名薩魯之穀不識為何穀乃嘗食之衆生遂俱食此穀其從前之穀俱絕

衆生雖食此穀但必至將食之際臨時採食其後有一
機巧生靈將次日所食者先日採收是穀亦絶而忌妒
之罪業自此始矣其後因食耕種之穀遂常食下界穢
穀若食多者醜惡食少者俊秀故有爾我好醜愛惡之
情復起爭競遂刼奪所耕之田地彼此相殘而忿爭之
罪業自此始矣又因多收者向少收者隱瞞藏匿而慳
吝之罪業自此始矣由是有一端莊正直聰睿大量之
生靈將從前所行是者愛之非者化之將田地均平分

種惠愛衆生衆生皆願不違其命以之為主遂羣以主
稱之於額訥特珂克語則謂之瑪哈薩瑪廸蘭咱於土
伯特語則謂之莽貝古爾外嘉勒博於蒙古語則謂之
鄂蘭納額爾古克德克森哈汗於滿洲語則謂之格稜
尼圖伽赫汗是為衆所推尊之汗其於薩滿達巴達喇
佛教四大部洲則有轉金輪咱嚕喇斡爾廸汗之譽其
時則稱為輦造嚕拉卜以前全備之時其時日月星始
顯露於空中照耀四大部洲瑪哈薩瑪廸蘭咱汗之子

名囉咱汗囉咱汗生嚕里雅納汗嚕里雅納汗生斡喇嚕里雅納汗斡喇嚕里雅納汗生烏特博哈達汗烏特博哈達汗生滿達達汗稱此六汗為轉輪首出之六汗彼時始稱為人於是人之年壽漸漸削減計其時極微末之數為一瞬百瞬為一息六十息為一間三十間為一刻六十刻為一時十二時為一日三十日為一月十二月為一歲按年計其耗閏則為嚕拉卜嚕拉卜有六乃鎮定嚕拉卜棲止嚕拉卜適中嚕拉卜殘剋嚕拉卜

空虛噶拉卜濶大噶拉卜是也其第一鎮定噶拉卜則自始定風壇起至生育善惡衆生止其第二棲止噶拉卜則自南贍部洲人之年壽無算起至十歲止其第三適中噶拉卜則自男女十歲之末起並不傷生由二十歲漸增至八萬歲止其第四殘剋噶拉卜則自兵戈相殘起至水來殘剋止其第五空虛噶拉卜則自水來殘害至盡起至復定風壇止其第六濶大噶拉卜則自風壇始定起至空虛噶拉卜之末止如是乘除算量已往

運數及善世之千佛其曾超出噶拉卜者惟有釋迦毘婆佛等七佛乃係已過去者其時諸佛將佛經法教在瑪噶達國斡齊爾圖地方宣示十二種善言溯昔千佛南贍部洲之人等壽數止於四萬歲之時乃拘留孫佛之教也三萬歲之時乃拘那含佛之教也二萬歲之時乃迦葉佛之教也自百歲之時至今乃釋迦牟尼佛之教也釋迦牟尼佛共承受四佛法教謂昭阿迪沙釋迦牟尼佛生於乙丑年至年八十歲歲次甲申涅槃其在

時輪史則云生於丁未年歲次丙寅涅槃而薩嘉班廸達又云生於戊辰年歲次丁亥涅槃雖額訥特珂克土伯特諸賢所言互異而金光明經則云佛斷不涅槃聖經斷不泯滅乃佛為教化衆生俾信認無常故示以涅槃耳佛之壽源誰能揣測其顯然之虛質雖滅而湛然真純之法身則何由而滅乎且合按前聖薩嘉班廸達班辰沙克嘉錫哩所纂時輪法數史又前聖吉哩廸多咱之宣示引導無垢女子舊史又前賢阿克沙巴達所

編之靈驗花史又大智慧僧格錫哩巴達所編之丹書
凡四史文義相做令試將釋迦牟尼佛教及額訥特珂
克國汗等之緣由如薩嘉班廸達所説者陳之自昔衆
所推尊之沙嘉阿賚努汗以來後越一阿僧祇七萬四
千五百六世於額訥特珂克之瑪噶達國斡齊爾圖地
方降生名星哈哈努汗生四子四女長子蘇都達納次
子碩克洛達納三子多囉諾達納四子阿密哩都達納
長女蘇達廸次女舒噶拉廸三女囉納廸四女阿密哩

迪四子生八孫自凡一切依倚外像包羅者已定句起至四子生八孫句止與西番字及漢藏經釋迦譜相仿蘇都達納之子則薩爾斡阿爾塔實迪南迪二人碩克洛達納之子則迪霞巴迪哩噶二人多囉諾達納之子則瑪哈納瑪阿尼嚕達二人阿密哩都達納之子則阿南達德斡達特二人四女生四甥蘇達迪之子曰蘇卜喇布達舒噶拉迪之子曰瑪里噶囉納迪之子曰巴達喇阿密哩迪之子曰外沙里其薩爾斡阿爾塔實迪汗之子歲次丙寅婁金狗值月二十二日化為丹

巴多克噶爾有似阿蘭扎斡爾丹大象自斃率天降於
南贍部洲之瑪噶達國歲次丁卯箕水豹值月十五日
夜間汗所都之城有五色光芒照耀瑪哈瑪雅福晉遂
有孕至歲次戊辰翼火蛇值月十五日日方出時降生
於倫必花園內自歲次甲戌七歲起習練種種技藝至
歲次癸未年十六歲時娶噶必里克城之丹達必尼之
女名布密噶公主為福晉承受汗之統緒歲次丙申年
二十九歲時於甚清淨塔之前情願出家在阿蘭扎喇

江邊堅持苦行六年歲次壬寅年三十五歲時氐土貉
值月初八日於菩提木下坐禪七日十四日夜間將蘭
咱吉爾哈城之衆怪除滅十五日日出時於瑪噶達國
在金剛座上得尊勝釋迦牟尼佛之道歲次癸卯年三
十六歲時自星日馬值月初一日起至十五日在祇陀
園等處顯示大神通於是年氐土貉值月初四等日轉
運三乘法輪度化三世衆生歲次丁亥年八十歲時氐
土貉值月十五日夜因曉諭衆生所演經文無常故將

化生涅槃顯示此薩爾斡阿爾塔實迪汗之子生甫六日其母瑪哈瑪雅福晉即歿後於壬寅年得佛道又六年歲次乙未因獲智慧眼之故見母瑪哈瑪雅福晉超生三十三天因欲其母識菩提之道是以上遊天堂講經九十日其時有額訥特珂克之烏迪雅納汗中心慕佛迫欲求通遂令瑪哈默特噶拉斡尼仿摹佛像塑佛一尊以適其意默特噶拉斡尼仗神通力遂往三十三天用牛頭旃檀香以肖佛像毫無分别造成持經手印

立像之旃檀昭像自三十三天請至汗意欣慰後來佛自上界下降其旃檀昭於佛前自然俯伏佛降旨曰此旃檀昭視我涅槃一千年之後彼時至中國震旦大有利益因授記云由是釋迦牟尼佛之教遍傳瑪噶達國斡喇克城之沙嘉氏瑪哈巴特瑪之子彬巴薩喇汗郭薩拉國外沙里城之巴喇哈瑪達廸之子巴喇哈納咨達汗巴特薩拉國阿南達之子巴喇廸岳達汗轂楚織巴喇國沙達尼噶之子烏廸雅納汗此四汗皆統屬三

十二國之大汗以次降生崇隆佛教方佛涅槃時有彬巴薩喇汗之子喇特納贊達喇及其二子瑪爾吉實喇尚噶喇並孫星哈曾孫達沙喇塔同見佛涅槃計自丁亥戊子越一百一十年歲次丁丑瑪噶達國之君彬巴薩喇汗之孫瑪爾吉實喇汗因係大布施主應致祭必瑪拉雅納葉洞之阿南達烏巴里噶實卜三人會集五百應供阿羅漢初演宣示四諦法輪之旨自戊子年起至一百一十年之丁丑年達沙喇塔汗之子阿碩噶汗

因係大布施主於外沙里大城處所應供阿羅漢巴廸哩噶為首糾合七百阿羅漢將中土無相法輪之旨宣演阿碩噶汗建造無算佛像經塔自戊子年起越三百年歲次乙亥喀齊國之君噶尼噶汗亦係大布施主其時喀齊古納實訥國中有札拉勒達喇廟內魔怪化為瑪哈德斡托音降生仗神變力將佛法紊亂於是巴蘇密達為首捄之聚集五百菩薩五百阿羅漢五百班廸達等將佛誦之大乘法輪宣演由是生蘭札贊達哈哩

贊達錫哩贊達昂吉贊達達爾瑪贊達必瑪拉贊達郭密贊達等七贊達郭巴拉達爾瑪巴拉斡噶巴拉喇木巴拉廸木巴拉茂巴拉尼巴拉等七巴拉巴拉錫納噶伯錫納諳達錫納拉噶瑪錫納等四錫納等汗輔相佛法等語詳為敷演思議莫盡未能盡錄至若雪山土伯特地方汗等根源解釋贊誦佛菩薩之史内載瑪哈沙嘉沙嘉里則必沙嘉沙斡哩三君其沙嘉沙斡哩乃烏廸雅納汗之孫班達巴汗之第五子與十八萬讐衆戰

鬭被擊創幼子嚕巴廸敗走至雪山地方遂為土伯特之雅爾隆氏自班達巴汗起至雅爾隆氏止與西番續藏經合自維時巴特沙拉國之烏廸雅納汗起至末與西番嘉喇卜經合維時巴特沙拉國之烏第雅納汗生一子其髮圜旋牙如白螺手足指如鵞掌目如烏雀下睫上附諸妙相全備令善占之必喇滿占之曰此子剋父應殺之其父勅官屬持往殺之加諸鋒刃利器皆不能傷於是計窮貯以銅匣棄擲恒河中有附近外沙里城之種地老人適在江岸種地見江面有漂浮之匣撈取

開看見一端正小兒此老人因無子嗣欲養之遂藏置樹梃間羣鳥銜鮮果衆獸銜淨肉以哺之後能言因問我係何人為誰之子老人悉以前事告知其子遂懷慚尋向東邊雪山而去至拉哩姜托山由拉哩囉勒博山之九級福階降下至雅爾隆贊唐所有之四戸塔前衆方看見爭問爾家何處何人之子是何姓名竟不答言但順手以食指指天衆見其相異常人咸歎云爾殆天之子乎乃答曰我是天子乃古昔瑪哈薩瑪廸蘭咱汗

之後裔遂將其從前事跡盡告衆知衆皆謂前此浮江
不死繼又得衆鳥獸爭哺是真天子也遂縛木椅櫈以
為肩輿令坐其上舁上純雪之善布山巔衆皆歡忭尊
以為汗自前戊子年以來踰千八百二十一年歲次戊
申即汗位遂稱為尼雅赤贊博汗由此勝四方各部落
而為八十八萬土伯特國主尼雅赤贊博汗之子曰穆
持贊博汗穆持贊博汗生定持贊博汗定持贊博汗生
索持贊博汗索持贊博汗生墨爾持贊博汗墨爾持贊

博汗生達克持賛博汗達克持賛博汗生色哩持賛博汗此七汗臨終時自足至頂出現五采霞光如虹霓上徹天際其尸曾供於天神等地色哩持賛博汗之子曰智固木賛博汗為姦臣隆阿木簒弑其三子皆出亡長子罝持逃往寧博地方次子博囉咱逃往包地方第三子布爾特齊諾逃往恭布地方隆阿木據汗位甫半載有舊日數大臣将福晉移往他邦設計興復遂将背叛之隆阿木誅戮議於汗之三子内選立一人即位福晉

云我從前生博囉咱時夜夢與一白色人同寢迨後産
一卵此子出卵中觀此當是一有福佳兒宜將彼迎至
於是遂將博囉咱迎即汗位稱為布德恭嘉勒汗其子
曰布隆錫勒克布隆錫勒克生庫嚕勒克庫嚕勒克生
伊碩勒克稱為六賢汗自六汗既葬後始立墳墓伊碩
勒克之子曰德嚕納木松德嚕納木松生色諾勒納木
德色諾勒納木德生德諾勒納木德諾勒納木生德諾
勒博德諾勒博生德嘉勒博德嘉勒博生德必琳贊德

必琳賛生多哩隆賛此數汗為衍慶七汗多哩隆賛之子曰持賛納木持賛納木生持托克哲賛持托克哲賛生拉托托哩年賛自昔戊子年以來踰二千四百八十一年歲次戊申拉托托哩年賛甫生於丁夘年二十歲時始即汗位追後一日正坐温博拉岡宫中見有百拜懺悔經髙尺許金塔六字母全備之寶匣薩瑪多克經自空中齊落宫中金幔上因諸人不識遂埋於地下由此汗福分消滅國中生産多目眇者糧食歉收饑饉灾

病不絶禍患叢生如是越四十年後忽有五士人來見汗歎曰大汗從前緣何將天上所落之物掩埋言訖即不見汗即時委内官等出其四種寶物繫於纛頂敬謹叩頭多方供獻汗之福祉由此漸增生子俊秀米穀豐稔無有灾病安享太平矣

欽定蒙古源流卷一

欽定蒙古源流卷二

額訥特珂克土伯特蒙古汗等源流

由是喀誦所供之多寶經禪教遂興自拉托托哩特年松贊達克哩年資克納木哩蘇隆贊凡四代合前三汗謂之妙音七汗納木哩蘇隆贊之子自從前戊子以來歷二千七百五十年歲次丁丑必哩瑪托特噶爾福晉生一妙相具足端嚴之子頂紋顯具阿彌陀佛相昔者

尼雅特贊博汗生一異相子因不能識擲之恒河既而悔之念此子究屬已子因愛惜之命名曰特勒德蘇隆贊以其頂紋所具阿彌陀佛用紅帛包裹不令人見至十三歲歲次己丑即汗位招服絶域衆汗等年十六歲歲次壬辰遣通密阿努之子大臣通密繖布喇並約其友十六人至額訥特珂克國中參究於是隨彼處之班迪達名德斡必特雅星哈者傳音韻之學復以所學之音韻互證土伯特之三十字母合入四聲於原三十四

字內刪去十一字以其餘二十三字與土伯特始創之
六字並原阿字定為三十字母各分音韻又編成八大
經於是汗甚喜悅叅究四年將禪經百拜懺悔經三寶
雲經俱繙譯成文從此修明政治謂其地本係土伯特
應以經教引導兼定刑法殺人者償受諸刑復行抵命
偷盜者斷手虛偽者割舌屏去十惡罪欵奉行十善福
事於是都內羣以為大悲觀世音菩薩出現能轉千金
法輪之神聖競相稱揚咱噶喇斡倫汗蘇隆贊堪布之

名揚於十方由是汗思一佛像即於意中變化一佛名曰噶爾瑪達迪僧人與汗相相肖頂上亦有阿彌陀佛汗復降吉與伊云昔者拘留孫佛之時有大悲十一面觀世音菩薩自色究竟天下降化入額訥特珂克國星哈拉海邊界所埋之一蛇心旃檀樹根內於拘那含佛時發芽於迦葉佛時長成樹至今釋迦牟尼佛時花葉盛開果實成結自佛涅槃時又復倒枯為塵土所蒙今欲取出請此十一面觀世音菩薩至彼星哈拉海邊界

彼處有卧象一羣中有一紅鼻大象伏卧耳墜一牛黃穗名曰阿蘭札斡爾達象驅令走避將所卧地掘開蛇心旃檀樹即在彼處付囑已此所化之僧遂藉神通力須臾到彼見實有羣象伏卧遂將象驅起象不肯遠去屹立等候將欲削其旃檀樹枝忽聞似有令其稍緩之聲於是自然化成之十一面觀世音菩薩即時顯露復於迦葉佛持受之花輪塔内又獲三佛舍利子甚多其阿蘭札斡爾達象作人語向化身云爾汗昔日曾求福

於我令既遺忘又復向我顯然奪取我後世必轉一大汗壞其教律遂設惡願等語於是奉菩薩像至進於汗並以大象之言具奏汗降旨云吾前為額訥特珂克國蘇喀巴喇公主子時造成沙隆喀碩爾塔求福原有一負土行走之牛因遺忘未曾設願其牛甚怒遂氣憤設立惡願於是我亦另設誓願矣迨令世其象卧於大悲觀世音菩薩之上則妬心俱滅自易化服但欲化服此象仍須我躬是時汗意中方以普濟雪山所有生靈必

須聖經為憂彼自然化生佛自兩目中射出霞光二道
汗視之見一道光照射巴勒布國之巴喇木巴斡爾瑪
汗之公主公主係甲申年所生年十六歲面色潔白妙
相具足端雅美麗體淨無瑕口吐優鉢羅香氣是莊嚴
富麗之主也復見霞光一道照射中國唐朝太宗之女
文成公主亦甲申年所生年十六歲面貌慧秀妙相具
足端雅美麗體淨無瑕口吐哈里旃檀香氣是通明經
卷之主也於是汗欲求婚先遣大臣通密繖布喇噶爾

丹巴二人往巴勒布國求公主為配訓以多方剛柔互用之策巴勒布汗即允所請以公主許配公主者乃白衣救度佛母之化身公主之來也以迦葉佛持受之昭不動金剛彌勒法輪及牛頭旃檀自然化成之白衣救度佛等三尊佛像及巴勒布各種經卷並齎至土伯特地方歲次己亥汗年二十三歲與巴勒布公主完婚於是復遣使求娶文成公主唐朝太宗亦如所請許之以公主平日供奉之釋迦牟尼佛及元秘術筭各經歡心

如意十三史復將種種寶玩錦繡財帛分給萬萬時汗年二十五歲歲次辛丑迎唐朝文成公主於土伯特地方完婚由是建立廟宇不可勝數令額訥特珂克國之桑吉喇必喇滿師巴勒布國之錫拉滿祖師鄂斯達師及唐朝僧瑪哈德斡土伯特國大臣羅匝斡通密纖布喇及其弟達爾瑪古沙等繙譯經咒等卷帙屏去十惡罪欵將十善福事宣布於政令於是愚蒙之土伯特地方服其教者如仰旭日矣歲次戊戌年八十二歲各處

傳揚兩公主及通密織布喇嚕爾丹巴幷皆化入大悲十一面觀世音菩薩像内其長子莽蘇隴於父在時先歿次子恭蘇隴時年十四歲係丙戌年生至是已亥即位壬子年二十七歲歿有遺腹子對蘇隴生即嗣位至庚辰年二十九歲歿其子持勒丹祖克丹汗生於庚辰年次年二歲嗣位至壬午年六十三歲歿其子持蘇隴德燦時年十三歲係庚午年生唐朝肅宗第景德王女金成公主所出妙相具足至是嗣位汗與篤好經典深

通法律之薩迦袞巴勒博且等五賢臣及內侍官商欲迎請堪布博迪薩都之事丙戌年十七歲遂往薩和爾地方請堪布博迪薩都行至莽之蔡瑭山汗往見之遂迎至哈斯布哩山之宮殿居住商建法輪廟宇云我乃持行菩提心之人不能制服鬼怪若不先將本地鬼怪土神滅除何能安建廟宇欲降此等惟烏迪雅納國之巴特瑪纖巴斡師驅遣世界中神道羅刹八部精靈鬼怪無異奴隸乃深通密咒得道之至人師若肯來則鬼

怪可以滅除汗云我何能迎師來此堪布博迪薩都云有可以迎來之因初額訥特珂克之蘇喀尚古哩氏女子曾於瑪哈蘇喀之尚古哩碩納尼舒古爾鳥之三姓生育三子女子歿後三子為母建立沙隴喀碩爾塔各行祈福尚古哩子首云我願藉此福來世為教中施主轉輪大汗即汗之前世因也次子云我願藉此福來世為一掌教大堪布即吾之前世因也三子云我願藉此福來世為一滅除敗壞我教之大塔爾尼齊即巴特瑪

織巴斡師之前世因也輔師行事之良友即今雅爾隴之嘉裕克哩卜實諾延此皆前世設願所以可期必來汗聞言欣悅歲庚寅年二十一歲嘉裕克哩卜什諾延遣使赴額訥特珂克迎請巴特瑪織巴斡師師果如堪布博迪薩都從前所言云今已應我曩昔設願之期當即往彼不居此矣我前世止能集益於本身自不如以廣益於衆生為大因果今已屆其期我身便如大鵬騰空即速飛往若徒事觀經斷不能飛騰矣言訖師立地

前來至兩山險處見一大猛怪迎立巴特瑪繖巴斡師遂於空中趺坐口中念咒降伏其怪即震駭變一大兕忽生旋風攪雪至前師遂持九瓣鐵杵向兕面當頭力擊其兕即遁匿入山去風定雪消雲散天霽顯露山林日色晶融師乃虔心持誦秘咒一遍擲杵鎮住歷將十二凶暴女魔及土伯特地方土神龍神盡行除滅驅遣鬼怪無異奴隸與汗持蘇隴德爕同將龍王烏巴納迪之地作為龍山辛卯汗年二十二歲欲建廟築基分别

秘咒之道及大壇城三藏之道傚照阿必達爾瑪秘咒
及經史之道造成元妙金剛廟宇佛殿三重殿内所供
諸佛多緣秘咒之道所成下一層肖土伯特形勢中一
層肖漢地形勢上一層肖額訥特珂克形勢四大根本
俱備其下三門為三世佛像中一門乃法身之像東四
門具四無量四事之像凡此不可思議之轉輪元妙大
刹中殿内供三世佛四面四角四大部洲八小部洲會
萃驅魔之咒日月之象得力四大覺路及八瑪哈噶拉

之大廟四大浮圖並光明塔共三十廟宇環以金輪先是有額訥特珂克潛伏海内之鄂丹達布哩廟宇令皆倣其式建造至癸卯年汗年三十四歲工始完成於是通徹三世大智慧之巴特瑪織巴斡並得道之大堪布博迪薩都塔爾尼齊達爾瑪吉爾迪等持散天花開大歡喜筵凡三年至甲辰汗年三十五歲邀集同教法衆二十五人向高行巴特瑪織巴斡處練習秘咒求受諸佛言宗旨及七百二十佛之灌頂於是依所請給與秘

咒其名虛空藏之格隆能駕日光布特達音扎納能將鐵杵嵌入石峯馬明王佛能三作馬嘶聲尊勝海慧空行母能活死人能撫育德慧空行母等威儀獅子神能驅遣鬼怪無異奴隸必嚕咱納克勒穆爾齊能顯慧眼永奉國主於世通徹玉扎寧博之經音扎納固瑪喇能施示神變都特都勒多爾濟如風行無碍音扎納郭哈雅能騰空飛行錫哩德斡能手搏猛獸音扎納錫喇卜能如烏飛騰錫哩尼達能浮行水面達爾瑪哩斯密能

默識不忘錫哩星哈能使流水洄溯德斡蘇迪能變枯骨為金徹崇羅咱斡能手捉空中飛鳥賛扎噶能乘猛兕納干達喇能如魚游海水中瑪哈喇特納能食磚石如米穀錫哩巴咱爾能馳走山峯拉迪喇特納能發雷如射矢咱雅薩多能於虛空趺坐凡此顯示多方得道之驗於是始見虛空藏金剛手清淨佛佛慧威羅斡金剛佛尊勝馬明王佛持國最勝王佛尊勝海慧空行金剛頂佛威儀獅象世尊稱讚佛妙慧空行離垢佛毘盧

遮那智藏持咒救護佛等八大佛之先由是以土伯特
語譯額訥特珂克文字雖選土伯特童子教授終不得
一善學者巴特瑪纖巴斡師甚憂之遂親往尋善學童
子至一家門前見一七歲童子向其詢問答云父母俱
不在家維時師正欲憩息遂立行幄留憩將童子喚至
詢以汝父何往答云父往尋言語又問汝母何往答云
母往尋眼目少頃其父沽酒至童子指云此是尋言語
去者蓋謂飲酒後則言語煩瑣也又指其母買歸燈油

云此是尋眼目去者葢謂點燈可照昏夜也師不勝欣悦遂攜其童子回汗降旨云此子葢古昔阿南達之化身令為巴喇古爾根敦之子名巴喇古爾必囉咱納之童子是也遂教以額訥特珂克語未幾肄習貫通遂稱為土伯特之墨爾根羅咱斡必囉咱納歲甲辰汗年三十五歲巴特瑪繖巴斡師與額訥特珂克之必瑪拉瑪迪巴勒布之必噶瑪拉錫拉土伯特之墨爾根巴喇古爾羅咱斡必囉咱納卓克囉壘嘉勒燦班第伊錫徳噶

斡巴勒則克及漢僧瑪哈雅納等將經咒卷帙通行繙
譯各處傳揚為神童文殊之化身轉千金法輪建中之
咱噶喇斡掄汗持蘇隴德燦在位五十七年歲戊寅年
六十九歲歿其長子穆尼贊博中毒被害次子穆嚕克
贊博遣往邊地幼子穆迪贊博生於丙辰年歲己卯年
二十四歲即位於瓊地方建立金剛圓覺等三廟在位
三十一年稱為薩特納埒克俊咱噶喇斡掄汗此汗與
額訥特珂克國之達爾瑪巴拉汗及唐朝之懿宗三人

俱一時所生歲己酉汗五十四歲歿其子臧瑪達爾瑪
持松壘羅壘倫多卜等兄弟五人長子臧瑪出家為僧
次子達爾瑪持松自前歲次戊子紀二千九百九十九
年之丙戌年所生歲戊戌年十三歲衆大臣會議輔立
即位歲壬寅年十七歲時行兵於漢地擊敗唐朝肅宗
大有所獲威勢益增由是建造千座廟宇令額訥特珂
克之烏巴迪尼扎納瑪達錫納勒達博迪薩都達納錫
拉布達密達及土伯特之烏巴迪喇特納喇克資達達

爾瑪錫拉卓克囉壘嘉勒燦衮巴勒布齊之子衮壘旺博等將從前未譯經卷俱行繙譯按盈髮之數各繫一哈達每哈達各坐一僧供奉不竭推崇禪教以經典之道惠養土伯特人衆維時土伯特國遍享太平因與聖境無别故稱其君為末世之大力金剛手菩薩化身轉千金法輪之持喇勒巴展咱噶喇斡擒汗烏遜繖達里在位二十四年歲辛酉年三十六歲歿自丁未年肇興禪教始至此辛酉年歷四百九十五年汗無子其兄達

爾瑪係癸未年所生歲壬戌年四十歲即位因其從前在世為象時曾設惡愿二十四年之間惡習相沿遂傳稱為天生邪妄之朗達爾瑪汗將大乘三藏以下下乘以上之三乘及四項僧人俱行殄滅殘毀禪教歲己酉綏英阿汗年六十三歲因值其另行設愿之時蘇隴贊堪布汗之化身拉隆巴勒多爾濟將喀咢白馬用墨染黑反著青裏白舞衣匿弓矢於袖中來與汗叩拜初跪時搭矢再跪時開弓三跪時發矢射中汗之心窩於是

云是如風之揚塵土之塞水水之滅火大鵬之制龍金剛之破石神之制阿修羅佛之降魔怪故我將綏英阿汗刺殺遂正穿白衣淨洗白馬乘逃巴爾喀木地方而去朗達爾瑪之五十三歲時歲己亥所生子曰鄂特蘇隴年十一歲歲己酉即位經教盡廢在位五十三年歲次丁丑年六十三歲歿其子巴勒科爾贊係伊父五十一歲己丑年所生至辛丑年十三歲即位因值敬奉經教中興之時建立八大廟宇篤好禪教在位十八年歲

已未年三十一歲歿生有二子一名扎實則克巴一名尼邁袞扎實則克巴子三人巴勒德鄂特德濟特德為衛藏四大地方之汗尼邁袞子三人巴勒袞扎實袞德租克袞前往阿哩等三部落稱為古格姓氏汗迨後推廣禪教有自下推廣自上推廣二種其自下推廣者乃朗達爾瑪汗殘毀禪教之時錫勒巴蘭咱庫爾納巴蘭咱錫拉木繖巴斡錫拉瑪迪音扎納瑪迪巴咱爾舒斡喇與巴蘭咱星哈傲依阿斯達兄弟二人及烏巴迪尼

錫達等十人前往尼斡克丹迪克地方見一破廟僅剩
一釋迦牟尼佛遂於此佛前漢僧瑪哈雅納座下出家
由是遂復回來令高行拉辰為堪布格韋絧爲為闍黎
釋迦牟尼喇嘛為教授並二僧共為五格隆受持格隆
之戒於衛藏四大地方復行廣推禪教其自上推廣者
緣尼邁袞次子扎實袞生二子曰庫壘隴吉長子庫壘
係從前戊子年以來紀三千一百二十三年之庚寅年
所生後因為僧遂稱為賚喇嘛葉舍依鄂特歲壬辰生

固格羅咱斡琳辰藏博至甲寅歲喇嘛葉舍依鄂特年二十五歲建立托凌廟遣羅咱斡琳辰藏博等二十五人往額訥特珂克將班第達噶達噶爾瑪達爾瑪巴瑪喇固巴達請至將經藏秘咒四項紀略畫行繕寫謂之推廣禪教次子隴吉即汗位其子額卜朗沙嘉依鄂特因其為僧遂稱為遵巴沙嘉依鄂特隴吉汗遣納克磋羅咱斡粗勒特木嘉勒斡二人往額訥特珂克之南先是錫哩咱噶達之子迪巴木噶喇錫哩畳納亦係是從

前戊子年以來紀三千一百二十七年之甲午年所生彼時昭阿迪沙師已六十一歲亦於甲午年請來遂將從前未有之經繙譯而禪教益推廣矣扎實則克巴次子鄂特德之子扎實德汗奉請喀齊班第達罝納錫哩令崇布吹尊固納羅咱斡羅丹錫喇卜二人繙譯經卷尊崇禪教其興教也約分二會其先興者起自辛酉壬戌年至丁亥凡八十六年其後復興則自丁亥戊子年始

欽定蒙古源流卷二

欽定蒙古源流卷三

額訥特珂克土伯特蒙古汗等源流

古土伯特地方尼雅持贊博汗之七世孫色爾持贊博汗為其臣隆納木篡奪汗位其子博囉咱爾持布爾特齊諾等弟兄三人俱各出亡季子布爾特齊諾出之恭博地方即娶恭博地方之女郭斡瑪喇勒為妻徃渡騰吉斯海東行至拜噶勒江所屬布爾干噶勒圖納山下

遇必塔地方人衆詢其故遂援引古頟訥特珂克人衆所推尊之土伯特地方之尼雅持贊博汗以語之必塔地方人衆議云此子有根基我等無主應立伊為君遂尊為君長諸惟遵吉行事生子必塔斯千必塔察千二人必塔察千生特墨徹克特墨徹克生和哩察爾墨爾根和哩察爾墨爾根生阿固濟木博郭囉勒阿固濟木博郭囉勒生薩里噶勒濟固薩里噶勒濟固生尼格尼敦尼格尼敦生薩木蘇齊薩木蘇齊生哈里哈爾楚哈

里哈爾楚生博爾濟吉台墨爾根墨爾根之蒙郭勒津
郭斡哈屯生都喇勒津巴延都喇勒津巴延之博囉克
沁郭斡哈屯生多斡索和爾多博墨爾根弟兄二人多
斡索和爾之子托諾依多克新額木尼克額爾克俱為
厄魯特巴噶圖特和特奇喇古特四姓之衛喇特其得
名多斡索和爾者因其印堂中有一眼能視三站之故
伊弟兄二人經行布爾干噶勒圖納時其兄云自推朗
噶噌迪向通格里克呼噌觀以西行走之一起遊牧將

至車内有一俊雅女子可説為汝室二人向前詢問云係兩土默特地方郭哩岱墨爾根之妻巴喇郭沁郭斡在阿里克烏遜地方所生之女名阿掄郭斡尋路行走者遂訂與其弟多博墨爾根為妻生伯勒格特依伯袞德依二子多博墨爾根卒後阿掄郭斡哈屯每夜夢一奇偉男子與之共寢天將明即起去因告伊妯娌及侍婢等知之如是者久之遂生布固哈塔吉博克多薩勒濟固勃端察爾等三子後漸長成有好事者譖之云從

無寡婦生子之理其夫之連襟瑪哈賚常往來其家疑
即此人伯勒格特依伯家德依二人遂疑其母阿掄郭
斡哈屯因給伊子箭桿一枝命折之即折而擲之旋給
五桿命一併折之竟不能折其母云爾等二人誤聽旁
人之言疑我因語以夢中情事且云爾等此三弟殆天
降之子也爾兄弟五人若不相和好各異其行即如前
一枝箭以勢孤而被傷若公同而行即如後五枝箭勢
衆則不能傷之矣由是和好後析產時僅給勃端察爾

有迎鞍短尾銹鬃貉皮馬一匹外並未給與他物因惱恨四兄獨向鄂諾江東去見彼處有一青色鷹攫野鴨而食結套得鷹即放之而食其所獲之鴨結一茅廬棲止度日常於鄂郭爾察克一族人家尋飲奶漿後其兄伯勒格特依前來尋弟訪問彼衆告云爾弟每日來此飲奶漿伊將來時每每下雨爾姑待之語未畢天無片雲陣雨忽至四顧無人惟勃端察爾自荒郊而來弟兄遂會於其地即招服鄂郭爾察克人衆内一懷孕婦人

勃端察爾娶為妻室名曰勃端由是布固哈塔吉以哈
塔錦為氏博克多薩勒濟固以薩勒卓特為氏勃端察
爾以博爾濟錦為氏布丹哈屯貌美前所孕之子名斡
齊爾台遂以斡齊爾台為氏馬布丹察爾既娶布丹哈
屯將伊所生之子命名為巴噶哩台汗之後裔哈必齊
巴圖爾哈必齊之子名伯格爾巴圖爾伯格爾巴圖爾
生瑪哈圖丹瑪哈圖丹生哈齊庫魯克哈齊庫魯克生
星和爾多克新星和爾多克新生托木巴該徹辰托木

巴該徹辰生哈布勒汗哈布勒汗生巴爾達木巴圖爾巴爾達木巴圖爾生伊蘇凱巴圖爾訥袞泰實孟格圖徹辰達哩岱諤濟錦等四人由是伊蘇凱巴圖爾攜訥袞泰什達哩岱諤濟錦二弟往落雪處尋覓天馬見一車轍內婦人溺痕以為此婦必生佳兒尋其蹤跡乃塔塔爾氏之伊克齊埒圖自鄂勒郭諾特地方娶妻烏格楞前來衆近前審視烏格楞向伊克齊埒圖云適纔三人內其年長之舉動曾看出否因脫所服襯衣囑云將

此急與彼以遺之語未竟已逞强動手伊克齊埒圖敗走一齊尾追踰河三道遂擄烏格楞伊蘇凱巴圖爾以為已妻回家之際烏格楞哈屯且行且哭達哩岱諤濟錦等勸云過河三道踰山三重尋蹤無蹤瞭望無跡呼之已不聞矣於是烏格楞哈屯吞聲前行即從前戊子歲以來越三千二百九十五年歲次壬午伊蘇凱巴圖爾之烏格楞哈屯生一子極靈秀為之卜名適遇特穆津遂命乳名曰天賜之特穆津云又生特穆津哈薩爾

哈濟錦諤楚肯等四子併原配圖墨埒特郭斡阿巴海
哈屯所生之伯克特爾伯勒格德依二子弟兄共六人
後伊蘇凱巴圖爾為特穆津求親前往伊勇氏鄂勒郭
諾特遊牧途遇鴻吉喇特之岱徹辰問云却特之嫡派
博爾濟錦氏親家何往伊蘇凱巴圖爾答云我為此子
尋親而來岱徹辰云今夜我夢一白海青落我手中我
卜之兆在爾博爾濟錦氏自古以來我家之俊雅女子
作爾博爾濟錦氏之哈屯者最多今有女儀容甚美且

命中應作爾博爾濟錦氏之哈屯我只生此一女名布爾德甫九歲即與爾此子為妻其父云年紀太小其子云終當成此一事可即成之於是舉觴為壽奉雙馬以為聘禮欵留特穆津伊蘇凱欲辭去正值塔塔爾族衆宴會之期衆邀云現備有餚饌食之再去切勿推却一併留住詎衆忽念及舊仇以毒藥攙入食物內食之伊蘇凱巴圖爾疾作急趨入親家室內云我在諸親眷房中食物甚甘不期中傷我特穆津何在可來前喚至遂

令鴻郭丹之莽古里克照看遺回而伊蘇凱巴圖爾即卒元配哈屯亦相繼而卒後惟烏格楞哈屯隻身養育六子一日特穆津哈薩爾二子告其母云伯克特爾伯勒格德依二人將我等所釣之魚奪而食之今日又將哈薩爾響箭射得之雀奪而食之意欲殺伊二人其母云爾等何以與從前岱齊果特之諤伯呼郭斡之五子一般議論爾等譬如影之隨形尾之在身不可離異兄弟相親相睦豈非長久友愛之道乎伊等掀簾走出由

是四人遂與伯克特爾伯勒格德依交惡伯克特爾云
要殺我便殺切勿殺伯勒格德依伊是日後給爾等出
力之人不允遂致伯克特爾於死其母大怒斥責之曰
吾愛惜保護養成將作名臣之子吾辛勤教誨養成將
作賢臣之子向曾欣然期望何以如此互相殺害此後
爾等其欲相殺相殘乎殆馳山之狗子歟殆嚙胎之豺
狼歟殆顧影自搏之海青歟殆掉尾自擊之鼠輩歟此
與虵蝪奚異則復誰與爾等友愛者由是岱齊郭特之

兵忽搆釁來攻云不侵犯爾等別人可將特穆津獻給特穆津聞之將弓搭箭正欲出拒被母拉住其箭落扣墜於坐側遂防守彼衆進攻路徑至第三日欲出時因馬鞍脱落云肚帶鬆扣則有之後鞦何以脱落此係天父止我又隔三日欲出時見一塊大白石阻路云向無此石葢天父用此止我又隔三日至九日後云此事何以處之正然瞭望之際被敵所獲縛以鐵鎖桎梏每家輪流看守五月十五日乘岱齊鄂特排設筵宴夜飲之

際扭斷腿上鐵鎖擲守者之前逃出東西藏躲隱伏哈爾吉圖烏遜處蘇勒徳遜托爾干沙喇雖見之以為此子前曾與我齊拉袞秦拜二子交好此隱伏之人即便是伊我亦佯為找尋之狀而已遂去特穆津以為此是一好心人乘夜逃至沙喇家齊拉袞秦拜二子云禽鳥求救且養之籠中況天命之博爾濟錦求救前來若不肯容納不加愛養日後與我等有何益處隨以斧壞其鎖藏匿於毳毛車内至次日逐戶搜尋搜至托爾干沙

喇家中欲搜其毳毛之車托爾干沙喇之女錫魯郭干哈塔干哭云為他人於此炎熱時苦刻自已之人耶其妻亦厲詞止之云似此夏日炎熱時如何將人藏於毳毛車内反疑惑自已之人乎其衆始罷去于是托爾干沙喇向特穆津云為爾幾傷我家遂將白騍馬之鐙鬆放令其乘騎殺兩羊羔以為口糧遣之回特穆津至家與母及諸弟欣然相會至戊戌年特穆津年一十七歲布爾德哈屯係丙戌年所生甫十三歲遂爾匹配後岱

齊果特復來選取八疋黃騮馬竊之去特穆津遂乘伯
勒格德依捕獺所騎之黃馬循所踐草跡蹤而前遇
阿爾拉特阿郭巴延之子博郭爾濟於牧場博郭爾濟
問云大刦特苗裔博爾濟錦氏汗之子爾從何來答云
日出時我湯黃騮馬被盜尋所踐草跡前來向爾阿郭
巴延之子問詢博郭爾濟云向聞爾勤于奔走論丈夫
本領我非平等今與汝同往自乘呼爾敦呼必之黑鬃
黃馬將烏嚕克星呼拉之貉皮馬令特穆津乘騎相隨

而去及昏覘知衆人團繞寢息博郭爾濟將欲乘夜潛進不識汗之子肯闌入與否遂問云我以爾係博爾濟錦之後裔是有福之人今日相隨前來為何游疑不斷二人遂一同闌入將八匹湯黄騸馬趕出直赴阿郭巴延家來阿郭巴延聞其子言相向而笑旋背而哭云丈夫本領相同甚勿棄置此人遂殺二羊羔贈為口糧遣回嗣是博郭爾濟扶助特穆津事無鉅細公同辦理特穆津年至二十八歲歲次己酉於克嚕倫河北郊即汗

位前三日每清晨室前方石上有一五色烏鳴云青吉斯青吉斯遂叶其祥號稱索多博克達青吉斯汗由是名揚於各處矣其石忽開裂內有一玉寶印方廣俱五寸許背為龜紐盤龍二條鐫有篆字即用是印鈐紙千張由是于鄂嫩河上樹九斿白纛以肅軍容經行德里衮布勒塔干地方樹揚威青色四斿纛君臨四十萬必塔人等降旨云汝等疲於奔走從我服勤總攝有衆艱苦備嘗乃得休息爾如摩羅爾寶貝之必塔人衆聽我

指使共著勳勞俾我建中建極其庫克蒙古勒乎因號為庫克蒙古勒云是時正值哈薩爾汗與多羅干鴻和坦一同追趕岱齊令蘇伯格德依巴圖爾帶兵前往汗降旨訓示云錫以尊榮如冠纓之貴首結以理義若磐石之鞏固者乃我之臣工如金湯之扞衛如茂竹之森列者乃我之士卒爾等聽之嬉笑處應惜食指之招尤奮勉處應效兎鶻之搏擊戲耍處宜鄙若蚊蠅戰陣處宜捷於鷹鸇蘇伯格德依巴圖爾奏言願竭力奮勉其成

與否惟主上之威福是賴遂起程前往蘇伯格德依巴圖爾諫言於哈薩爾汗云骨月若分離則被旁人戕害損已之人而為他人擄獲動雖全得骨月不可得屬人雖可得弟兄不可得也哈薩爾汗然其言即來尋見隨兄聚處乃哈薩爾伯勒格德依二人矜誇云汗禁止不軌征伐不義恃哈薩爾之射伯勒格德依之强以保屬人以化暴戾今欲擒拏塔本翁格除我二人更有何人出力耶後被汗察知欲隱抑其少年之驕矜遂變作一

屬下老人持一長角弓街市售賣哈薩爾伯勒格德依
一見即鄙薄之云老免此弓除作打鳥之彈弓並無用
處老者言汝二少年尚未試何得鄙之試則知之矣言
訖冷笑伯勒格德依不能扣弦老者扣弦付給哈薩爾
接過亦不能開正看之際適見一鬚髮班白之老人騎
青線臉騾前來以此弓搭金哨子箭射之射裂一山峯
歎云二少年肆言誇詐竟遜老夫一籌矣遂去二人念
此非常人蓋係主上之化身遂一意慎行後出兵收服

曩古特之烏蘭昌貴三十一鄂托克人衆時汗與哈薩爾二人追趕鏖戰哈薩爾騎汗之賽音薩穆津貉皮馬有托克瑭阿巴圖爾台吉者將二人誘進賽音薩穆津貉皮馬被血染成赤兎發矢克敵收服烏蘭昌貴人衆俱服其技藝自是衛喇特布哩雅特投降供納廩給並將在大拜噶勒烏拉地方所獲之鴉鶻呈獻汗前而布哩雅特人衆亦内附矣歲次庚戌年二十九歲出放布哩雅特所獻鴉鶻自烏勒呼河至烏拉河適珠爾齊特

之旺楚克汗背叛來追汗怒調兵往征因烏拉河無津不能渡托克瑭阿巴圖爾台吉之子安敦青台吉連結萬馬之轡吶喊前進渡海攻城城上降言云如給萬燕千貓即不取城立時照數送給於是在其燕貓尾上拴結火繩點火撒放燕往屋內尋巢貓向房間竄跳城內各處漸漸火起用此計收服汗遂納旺楚克汗之女雅里海自彼旋轅雅里海哈屯已歿歲次壬子年三十一歲出兵烏訥根江以東地方因江水漲發上即在江邊屯

駐遣使諭令納貢如不納貢則征之高麗察罕汗懼進
獻高麗墨爾格特岱爾烏遜之女和蘭郭斡併以虎皮
穹廬及布噶斯高麗二鄂托克之人隨嫁于是收服察
罕汗之三省高麗在彼留駐三年布爾德哈屯遣阿爾
噶遜和爾齊往看和爾齊請安訖奏云布爾德哈屯請
汗安問侍御諸人并童幼等及汗之政治衆大臣好並
奏言娑羅樹上有海青孚雛寄于樹間被花豹壞其巢
卵雛俱傷葦塘中有鴻雁孚雛寄于蘆之陰卵雛俱被

白爪所害可奏聞聖上上以為此喻甚是遂撤大兵回
國降旨云肇基之始所遇之大哈屯布爾德福晉乃父
母所聘結髮之妻後于征伐處收納之和蘭難見家中
布爾德福晉之面倘在衆屬人前發怒殊覺可耻可于
九烏爾魯克内遣一人先往告知布爾德福晉扎賚爾
摩和賚情願前往先赴大哈屯布爾德處叩頭奏言上
有旨云不守本業輕棄道統不聽大臣獻替之言棲止
虎皮穹廬收服和蘭人衆因納和蘭哈屯布爾德福晉

賢德哈屯降青云哈屯布爾德伏思展闢疆土强大其國者在君上之威福其愛戴輔翼者惟人主之藻鑑葦塘中鴻雁雖多加之以强弓硬弩任君之意國中女子雖多其稟賦有福者君自察之豈在家久戀女子耶抑或不施控勒而騎生駒耶常言吉多則無凶災少即是祥願汗尊軀堅固我婦人何為也摩和賚即來迎奏汗大喜甚然之駐宿金亭從彼旋轅時阿爾噶遜浩爾齊攜金胡琴竟夜住宿他處汗使博郭爾濟摩和賚斬阿

爾噶遜浩爾齊伊等即名阿爾噶遜速來次早攜酒兩瓶而來汗尚未起博郭爾濟在外奏言朝彩麗熙朝負韋人待理聖躬幸寤興伏望降明吉玉殿含旭日金門祈早啟深尤候睿斷懇布鴻慈矣汗乃起立名阿爾噶遜浩爾齊入尚未降吉博郭爾濟摩和齊二人即以鞭青之阿爾噶遜奏言如窩藍烏正得意啼鳴之際適值海青飛來之恐懼也命世之主發威不勝惶恐之至自十歲隨從未敢有放肆之處失於酒則有之實無惡心

至二十歲隨從未敢有欺誑之處過於飲則有之實無毒念汗以阿爾噶遜口出善言浩爾齊無虛假而出之以誠遂寬宥馬越時岱齊果特之布克齊勒格爾在屋中刨一穴上覆以氊片弟兄設宴來請說云小人等從前無知向汝爭競今見汝所向克成知是天命之聖主從前激之使怒今首先歸附幸勿追咎前罪祈降臨寒舍汗即欲往烏格楞哈屯諫言勿以敵兵之少而輕之勿以毒蛇之微而忽之須加防範汗然之命哈薩爾持

櫜鞬坐侍伯勒格徳依相勢指示行事哈齊津照管馬
匹烏濟錦相隨起坐伊遜烏爾魯克入室派兵三百九
名在外周圍埋伏遂前往至彼入室汗欲坐氊中有智
之烏濟錦引坐氊邊一婦人將汗所乘馬之鐙皮割斷
攜去布克伯勒格徳依追及斷婦人足彼衆欲斫布克
伯勒格徳依之肩岱齊果特之伏兵出戰善射之哈薩
爾矢無虛發應弦而倒伊遜烏爾魯克等保護汗自左
超乘科爾沁托克瑭阿台吉之銹鬃白騍馬遂擊敗彼

衆盡行收服岱齊果特等之所以結怨者從前曾有承襲必塔察干哈布勒汗之七子與承襲必塔斯干阿木拜汗之三子互相攻擊阿木拜汗之十子秉馬搶戰哈布勒汗之七子内弟兄六人被戕八部之必塔人衆被掠巴爾達木巴圖爾等五人内三人受傷脱出是時巴爾達木巴圖爾之長子伊蘇凱巴圖爾年十三射一穿鐵甲之人仆地即秉其馬出而尋父而名賽音瑪喇勒哈雅克之婦人絮訥衮蒙格圖塔哩台三幼兒步行脱

出自是失業之故也今將先世仇人擊敗收獲振旅而還陞坐亭內忽見穹廬頂上有一玉碗盛奇香異味之酒滿而不溢降至汗手內汗獨飲之四弟言天恩豈可獨享也汗然之將所餘即遞給四人雖飲入口竟不能咽奏言此天父玉皇上帝賜聖天子寶貝碗以盛甘露也前言誤矣汝乃命世主可行政治我等隨行可也汗降旨云天命在我從前塞北稱君即得玉璽今甫降服舊仇上天即降甘露由此觀之爾等所言是也歲次癸

丑年三十二歲聘塔塔爾部伊克綽囉之女濟蘇哈屯濟蘇凱哈屯姊妹二人為妃自是汗率庫期大兵滅金主而建業焉歲次甲寅年三十三歲據有鄂蘭烏魯斯中國十三省八十餘萬戸民人之地稱號岱明索多博克達青吉斯汗其代金主建業之聲聞互相傳播土伯特地方之錫都爾固汗巴延薩爾塔固爾之子多爾通聞之甚懼遣使奏言願納貢賦以為右翼汗許諾厚賞而遣之其使住宿岱齊雅布噶之家夜坐談論告以汝

汗誠天子也柰哈屯等不佳哉之古爾伯勒津郭斡哈
屯面色光瑩夜不須燭其雅布噶之妻蒙郭倫郭斡曾
侍哈屯從汗於行在故雅布噶聞是語密奏云錫都爾
固汗之妻錫魯袞古爾伯勒津郭斡哈屯面色美麗明
並日月殆皇天所寵錫主上請收之後遣使於土伯特
之錫都爾固汗云朕今用兵於薩爾塔郭勒汝右翼其
率兵前來錫都爾固汗答云各國雖未盡兼併汗乃百
獸中之猛獅豪傑中之聖主之二者無須資助汗於是

大怒誓之曰此命不亡終不恕彼天父鑒之鴻吉喇特之斡齊爾徹辰奏言汗何不諭之曰生子至於成立鐙鐵至於殘壞終必及之奈何輕至尊之身與之發誓願汗壽域永固元凶盡滅臣民豐裕德望綿遠歲次乙卯年三十四歲用兵於薩爾塔郭勒薩爾塔郭勒之扎里雅特蘇勒德汗迎戰於薩噶哩塔爾巴噶台地方彼時有蘇尼特之吉魯根巴圖爾莽紛特之貴里達爾和碩齊等二人引戰遂殺扎里雅特之蘇勒德汗據有五部

之沙喇薩爾塔郭勒人衆歲次丙辰年三十五歲進兵
托克摩克有號博克達達哈蘇魯克德格呼托克摩克
之莽古里克蘇勒德汗者前來迎戰於是珠爾齊特之
蘇伯格特依巴圖爾珠勒根之楚勒吉台巴圖爾等二
人引戰遂斬莽古里克蘇勒德汗據有托克摩克之衆
歲次戊午年三十七歲遣使於克哩葉特之翁汗言前
取布爾德大哈屯時事之如父曾以貂裘為獻今朕調
劑庶政統一治道願如父子相親翁汗不信率克哩葉

特之衆興兵前來迎戰於鄂嫩河下游呼倫貝爾地方
彼時有衛喇特之都嚕勒濟台什烏梁罕之濟勒墨諾
延蘇尼特古里根之子湍台察爾必等三人首先轉戰
遂降翁汗據克哩葉特之衆歲次庚申年三十九歲用
兵於柰曼之圖們汗命必塔錦將八萬兵往取達延汗
柰曼之鄂拓克令且迎且守期會於河上彼時有烏古
新之博囉鄂勒諾延阿嚕拉特之博郭爾濟之子諤古
倫察爾必鄂勒固諾特之呼濟爾達什等三人先將達

延汗遂出遂據柰曼之衆歲次壬戌年四十一歲用兵於郭爾羅斯郭爾羅斯之納琳汗率二十萬郭爾羅斯前來迎戰于克哩葉庫卜克爾地方彼時有哈薩爾諾延鴻吉喇特之斡齊爾徹辰曩古特之圖克德庫和濟歡巴雅固特之烏里阿克塔等四人進戰生擒納琳汗遂據郭爾羅斯之衆歲次甲子年四十三歲哈爾里固特之阿爾薩蘭汗甚驕縱揚言曰汗博克達特穆津用兵於各處斷無不來我之疆域者常言大丈夫生於家

庭死於原野遂率兵前來上聞之迎戰於薩喇格古勒地方彼時有扎賚爾之孟郭里諾延塔塔爾之錫吉呼圖克蘇勒徳遜咱木拜達爾罕郭爾羅斯之圖們諾延徹辰伯奇斡齊倫扎穆噶等五人進戰遂斬阿爾薩蘭汗據有其衆歲次丙寅年四十五歲用兵於土伯特之古魯格多爾濟汗彼時土伯特汗遣尼魯呼諾延為使率三百人前來進獻駝隻輜重無算會於柴達木疆域汗嘉予之遂大賚其汗及使臣而遣之上因致書併賚

儀於薩嘉察克羅咱斡阿難達噶爾貝喇嘛云尼魯呼諾延之還也即欲聘請喇嘛但朕辦理世事未暇聘請願遥申皈依之誠仰懇護佑之力由是收服阿里三部屬八十萬土伯特人衆遂進征額訥特珂克直抵齋塔納凌嶺之山脊遇一獨角獸名曰塞嚕奔至汗前三屈其膝而叩衆皆駭異上諭之曰彼額訥特珂克之斡齋爾圖薩固琳者乃古昔降生佛菩薩大聖人之地今此不能言語之獸類乃肖人叩拜者其故何哉我等若到極

至之處不知又當何如此蓋朕之天父藉此以示禁歟遂振旅而還遣使諭令薩爾塔克沁之諳巴海汗令輸誠納貢其汗不從屏使臣而拒之曰安居之衆乃加以强擄遂肆意而行耶我諳巴海不畏强侮何有於茍且安居耶遂遣還汗大怒曰謗有之出大言者招損朕承天父之命曾敗十二强汗以期國治民安今彼如此大言天父鑑之歲次戊辰年四十七歲用兵於諳巴海汗諳巴海汗率兵十萬迎戰於拜噶勒江地方格鬬三朝

上躬自督兵維時阿喇拉特之博郭爾濟諾延扎賚爾之蒙郭里諾延蘇尼特之吉魯根莽努特之貴里達爾和錫果齋台等爭先進戰大敗之斬諳巴海盡降其所屬遂撤薩爾塔克沁之大兵馬汗以伊遜烏爾魯克以下效力有名人衆俱為國效力著有勲勞編次美號顯爵重賞厚祿以施恩行賞至於百千萬億皆作諾延並大賚所屬大國亦復如是而弗及於博郭爾濟諾延夜晚當入息時已飭博郭勒巴沁追入息布爾德福晉徹

辰索台哈屯在寢室曰汝途窮之時扶持交結掃除僭亂成汝大事奮不惜命者得非博郭爾濟乎明主人君普惠澤於大衆彼勞績宣著效力出衆之博郭爾濟奈何忘之汗曰朕非忘之欲使忌姤者知博郭爾濟之德也諭近侍博郭勒巴沁曰汝往覘之彼斷不怨朕殆安居好言以待之耳遂遣博郭勒巴沁前往伊妻特古斯懇郭斡云遇於未興之前竭力輔政成其萬難之事我等效力過於衆人汝忘生身父母拋去妻子不分爾我

效力於汗汝以爲今雖勞苦終可安樂今主上施恩衆屬賞逾千萬而並未提及爾博郭爾濟此輩之效力於博爾濟錦者非由爾之指示乎博郭爾濟答曰飲食則無事貪饕護衛則期於盡力雖未得一體受恩不必懷怨惟竊自贊助宣力效勞是圖爾量淺婦人所見者短我汗尊軀永固據此大寶一統太平當時雖不加恩於我必施及後世子孫無須急切怨望益當奮勉效力汗益試我耳斷不忘我此必別有深意也博郭勒巴沁將

此悉行奏聞汗曰朕不云乎伊從前曾出衆效力今無分隱顯出言肫誠不移不似尋常人等少懷嫉妬之心明日將博郭爾濟如此之德宣諭於衆大施恩賞至次日集衆屬降旨曰曩昔朕施恩賞衆遺忘博郭爾濟至晚布爾德福晉哈屯坐談怨朕有近侍過博郭爾濟之家將博郭爾濟特古斯懇二人坐談之語悉皆奏朕遂述博郭爾濟夫妻二人問答之言且曰股皮撒袋至於破壞而仍出好言者博郭爾濟是也扶持顛危而終懷

好意不貳其心者博郭爾濟是也有毛撒袋至於朽爛而分外效勞者博郭爾濟是也舍死鏖戰奮勇不惜身命者博郭爾濟是也今伊遜烏爾魯克等大臣官員至於衆人爾等勿生忌妬似此出衆效力之人若不重賞則阻將來報效之路博郭爾濟首先遇合宣力效勞朕將施恩重賞以旌異於衆衆大臣官員奏云頃蒙汗寵錫並不提及博郭爾濟蓋汗之明有意存焉以此觀之良有以也我等何敢忌妬此言非所以愛我衆人也汗

曰其賜號為內而扶助朕之大統外而據有塔本翁格
之衆董率震動山岳師旅之九部落諾延庫魯克博郭
爾濟其妻特古斯懇郭斡賜號曰太夫人封博郭爾濟
為伊遜烏爾魯克之長九部落之諾延

欽定蒙古源流卷三

欽定蒙古源流卷四

額訥特珂克土伯特蒙古汗等源流

由是汗降旨云承玉皇上帝汗父之命駕馭天下十二强汗平定諸惡劣小汗有勞大臣官員等賛成大事今須養息身心自戊辰年起至丙戌年安居一十九年政脩統敘鴻章鞏固上下安居君臣黎庶共享太平又降旨云一者先曾有言布告二者今惟唐古特人衆尚未

歸附先是錫都爾固汗之黑鼻黃犬能知先兆將九斿
白纛請出設立行兵三年其犬若無敵時則好聲緩吠
若遇有敵則嚎因知汗欲加兵遂嚎三年而錫都爾固
汗以此犬既老無先兆矣未加防範歲次丁亥三月十
八日行兵唐古特之便于杭愛汗地方設圍汗以神機
降旨云今圍中有一郭斡瑪喇勒有一布爾特克沁綽
諾出此二者毋殺有一騎青馬之黑人可生擒前來遂
遵諭將郭斡瑪喇勒布爾特克沁綽諾放出將黑人拏

至汗前汗問曰爾係何人所屬因何至此答云我乃錫
都爾固汗屬人遣來哨探者我名超諸唐古特素號善
馳之黑野豕今殆我黥首將滅之時乎束手就擒此青
馬素負庫斯博勒特之名衆畜莫能及今豈四蹄疲軟
乎何竝未動轉遂爾被擒汗降旨云此人果係丈夫遂
未殺又問云人言爾汗向稱呼必勒罕彼果如何變化
答云我汗清晨則變黑花蛇日中則變斑斕虎晚間則
變一童子伊斷不可擒忽于途間有近侍博果勒巴沁

者以汗之弟哈薩爾會飲之際曾握和蘭哈屯之手奏聞于汗汗遂遣博果勒巴沁向哈薩爾索取大皂鵰翎哈薩爾云今以臨御大衆之君索取大皂鵰翎因將上好鵰翎呈獻云是舊物不受而去又命射取骨頂哈薩爾見骨頂飛來問博果勒巴沁云自為首者起當射第幾對云於黃黑之間射之因射斷鼻梁以獻之而却之曰汗所喜者索取大皂鵰翎耳此係骨頂且被血污又不受而去汗於是發怒望見穆納地方降旨云此乃廢

國當隱避太平當優遊宜獵捕麋鹿以為休息老人之
地正談論間忽一鴟鴞鳴於樹杪汗疑之呼哈薩爾云
為我射此惡鳥哈薩爾遂射之矢發鴟鴞飛去適有一
鵲落下遂被射殺汗因嗔責云前此爾與多倫鴻郭達
同專征伐曾索取大皂鵰翎吝惜弗予今令殺此惡劣
鴟鴞反殺祥瑞之鵲因縛執哈薩爾派四人看守之爾
時烏爾魯克諾延奏云吾主亦知妙繪每變色於惡染
賢德多受惑於小人之私乎將以惡劣鴟鴞移禍於祥

瑞之鵲乎乞將弟哈薩爾恕免汗雖以為是因未釋先入讒譖之言遂未赦至唐古特地方將圖爾默格依城圍困三層有善法術之哈喇嘲噶老媪在女牆上揺動青旗施鎮壓之術倒斃騸馬二羣蘇伯格特依巴圖爾奏汗曰吾主令軍中騸馬將盡試令哈薩爾出射之汗以為然將備用之淡黄馬給哈薩爾乘騎令其發矢哈薩爾即指老媪之膝蓋射之應弦而斃錫都爾固汗遂變為蛇汗即變為鳥中之王大鵬又變為虎汗即變為獸

中之王獅子又變為童子汗即變為玉皇上帝錫都爾固汗勢窮被擒遂云若殺我則害於爾身若免之則害及爾後裔汗云寧使我後被害顧我後裔安善因用箭射刀砍俱不能殺錫都爾固汗云任爾以諸般鋒利之物砍我無妨惟我靴底中藏有三折密薩哩剛刀方可刺砍遂搜取其刀又云爾等殺我若我身乳出則害於爾身若血出則害及爾後裔再古爾伯勒津郭斡哈屯爾若自取可將伊身邊詳細搜看遂將彼之密薩哩鋼

刀砍其頸殺之乳出即取古爾伯勒津郭斡哈屯并佔據密納克唐古特人衆又欲在彼阿勒台汗山之陽哈喇江岸邊過夏其古爾伯勒津郭斡哈屯甚美麗衆多奇異之古爾伯勒津郭斡哈屯云從前我之顔色尚勝於此今為爾兵烟塵所蒙顔色頓減若於水中沐浴可復從前之美麗于是令其洗浴古爾伯勒津郭斡哈屯前往哈喇江岸邊沐浴時有其父家中豢養一鳥遶空飛至因獲住向隨去人曰吾為爾等盖爾俱留於此吾

獨往沐浴言訖遂往寫書云我溺此哈喇江而死毋向下游尋我骨殖可向上游找尋因將書繫於烏頸而遣之出浴而回顏色果為增勝是夜就寢汗體受傷因致不爽古爾伯勒津郭斡哈屯乘便逃出投哈喇江而死從此稱為哈屯額克江云後其父因寧夏趙姓女子沙克扎旺節所寄之信來尋骨殖不獲僅得純珠緣邊襪一隻令每人擲土一撮遂稱為鐵蘆岡云汗自受傷後漸致沉重彌留之際降旨云命矣夫靜好之布爾德福晉

墨爾根哈屯寵眷之和蘭濟蘇濟蘇凱三人輔翼其可嘉之庫魯克博郭爾濟諾延同著勞績之伊遜烏爾魯克如庫德爾等四弟如庫魯克等四子以及如庫哩之官員諾延等我府庫之充盈我國家之大統我之哈屯後裔我之僕從諸人我之土地均可惜也語竟遂爾昏暈蘇尼特之吉魯根巴圖爾奏云尤可惜者布爾德福晉墨爾根哈屯其死矣大統其亂矣兄弟哈薩爾伯爾格特依其心懷離愁矣屬下黎庶其流散各處矣結髮之

布爾德福晉墨爾根哈屯其死矣崇隆之政體其凌替矣噫烏格德依托壘二子其孫矣萃聚之僕從諸人其減矣布爾德福晉徹辰哈屯其死矣兄弟諤濟錦哈濟錦二人殆不聊生矣教養可恃之人衆其離散矣負異出衆之博郭爾濟莫和賚二人其苦矣前至杭愛汗山之陰妻子皆涕泗來迎矣汗今何往衆皆哭望汗山之降臨矣汗復甦降旨云孀居之布爾德福晉墨爾根哈屯失恃之烏格德依托壘二孫子爾其殫正直之心竭

誠輔翼永遠勿替在爾等美玉無玷純鐵無銹甚可珍惜此身固無常要當堅持剛强不退縮之念爾等果克成其事即事之始也言語果極其實即心之誠也尚其小心奉行共襄和順噫我辭世去矣幼子呼必賚言語簡明大小事宜爾等共遵其言而行日後自能令爾等安居悉如我身在時降旨後殁於圖爾默格依城時歲次丁亥七月十二日享年六十六歲於是以輦奉柩屬衆人等步行哭送蘇尼特之吉魯根巴圖爾哭

云我君其如鷹飈而高飛乎我君豈以此輩汚穢而昇遐乎我君果遺棄妻子乎我君果抛置僕從乎我君如鴉鶻之搏擊而去乎我君如纖草之因風飄蕩乎我君享年六十六歲豈臨蒞九色人等而逍遥以往乎啼泣而行至穆納之淖泥處所車輪挺然不動雖將五色人等之馬駕挽亦不能動舉國人等正切憂虞蘇尼特之吉魯根巴圖爾又奏曰永承天命生此人主今遺棄大統及僕從人等聖主其超生長往乎君原配之福晉所

治之統敘所立之政事所都之國邑俱在彼處天命之
福晉金闕殿亭純備之制統收集之人衆與習居之地
沐浴之水統屬僕從蒙古人等九烏爾魯克衆官員等
游牧之鄂嫩德里袞布勒塔干等處衆騸馬鬃所製之
神位聚積各種適意中節之鼓銅鑼畫角瑣吶金亭登
基之克嚕倫地方亦在彼處發祥之先所遇之布爾德
福晉哈屯有福之布爾噶圖汗游牧處所寵眷優渥之
博郭爾濟莫和賚二人並極盛之政統亦在彼處蒙神

引遇之和蘭哈屯福晉及胡笳胡琴諸般樂器汗之德
美濟蘇濟蘇凱二福晉並一切金亭華屋亦在彼處豈
以哈爾固納汗山融暖以唐古特人等衆多以懷蓄惡
念之古爾伯勒津郭斡哈屯美麗反將昔日之屬衆蒙
古等棄擲乎今萬金之軀雖不能保但請將如寶玉靈
奇之柩使大福晉布爾德哈屯一見以慰屬衆之望祈
汗仁愛鑒照奏畢輦因徐徐轉動於是羣下咸感戴稱
奇遂至所卜久安之地自哈屯福晉以及台吉屬衆均

哭泣極哀因不能請出金身遂造長陵共仰庇護於彼處立白屋八間在阿勒台山陰哈岱山陽之大謌特克地方建立陵寢號為索多博克達大明青吉斯汗其名遂留傳至今云所生察干岱珠齊烏格德依圖類四子並徹辰徹徹肯公主共弟兄五人汗在時令長子察干岱於俄羅斯地方即汗位次子珠齊於托克瑪克地方即汗位三子烏格德依留守汗位幼子圖類守庢汗在時即歿烏格德依係丁未年降生歲次戊子年四十二

歲即汗位欲往請薩斯嘉扎克巴嘉木燦因事耽延逾
六年歲次癸巳年四十七歲歿子庫玉克庫騰二人長
庫裕克乙丑年降生歲次癸巳年二十九歲即汗位在
位六月是年即歿次庫騰丙寅年降生歲次甲午年二
十九歲即汗位歲次乙未因龍祟侵魔患病多人胗視
不能痊愈術窮因議及西邉地方有奇異通曉五識名
薩斯嘉恭噶嘉勒燦喇嘛延請醫治庶幾有益遂令韋
瑪郭特之道爾達達爾罕為首往請薩斯嘉班第達

者係自前戊子年以來紀三千三百七十五年歲次壬寅降生至戊辰年二十七歲往額訥特珂克與左道六師之異端講論辯難窮其詞獲班第達之號而歸其叔父扎克巴嘉勒燦喇嘛曾告之云日後有東方帽若棲鷹鞾似豬鼻屋似木網娓娓長音語須三四譯者係蒙古國君博第薩多之化身名庫騰汗遣使名道爾達者請汝汝必往行當於彼處大興佛教因示卦驗適與之合時六十三歲於甲辰年起程至丁未年六十六歲與

汗相見造成獅吼觀音收服龍王仍與汗灌頂頃刻病愈衆皆歡喜即遵薩斯嘉班第達之言而行所有邊界蒙古地方創興禪教歲次辛亥薩斯嘉班第達年七十歲圓寂庫騰汗在位十八年亦於辛亥年殁享年四十六歲喇嘛與汗二人同年而逝其圖類汗之蘇喇克台伯啓太后生莽賚扣呼必賚額哩克布克等四子長莽賚扣係丁卯年降生歲次壬子年四十六歲即位在位八年歲次己未殁享年五十四歲次呼必賚徹辰汗

乙亥年降生歲次庚申年四十六歲即位歲次甲子年五十歲越八年辛未夏則居上都克依繃庫爾圖城冬則居大岱都城併阿勒台北之察罕巴勒噶遜額爾楚吉地方之蘭亭共造四大岱都城居住整肅屬下平定四大國四境不累八方無擾服馭有衆與羣黎共享太平再薩斯嘉班第達之姪瑪迪都斡咱係乙未年降生歲次辛未年十三歲時隨伊叔父而來歲次戊子年三十歲呼必賚徹辰汗之福晉呼必勒罕秦貝郭斡哈

屯奏汗云此瑪迪都斡咱乃嗣續我喇嘛之人可令其持受喜金剛之灌頂汗雖然之自嫌坐於此童子之下令詢此童子若我坐於床上令其坐於下面給與灌頂則受之不然如何可受灌頂於是哈屯前往降汗旨諭於瑪迪都斡咱彼云從前以灌頂治化入於金剛藏嗣復得解脱二乘菩提道之大利益喇嘛顯屬斡齊爾達喇佛如何可坐於汗之下由是枘鑿不入矣秦貝哈屯心甚憂之復向喇嘛云傳經持受灌頂之時喇嘛坐於

床上令汗坐於下面辦理政事之時汗與喇嘛俱坐於床上似此如何彼此俱以為可由是汗降旨云自明日為始瑪廸都斡咱托音我二人可將功德喜金剛根本之義講解演説於次日互相問難乃汗所問之言瑪廸都斡咱不能領悉意甚彷徨遂謝以明日再講起而去蓋因薩斯嘉班第達所持之喜金剛根本經卷在汗處瑪廸都斡咱未曾得見竟夜愁思不寐倏爾困倦見一皤然白髮老人髻上插一人骨晝罽形似婆羅門謦

之曰爾勿憂心可點燈一盞預備言訖而去少頃又見
前老人持書一本前來云將此速看留心記憶天明以
前我仍須持去安放言訖復不見瑪迪都斡咱反復詳
閱三次正在存記已至黎明果見老人前來云此書看
完我即持去安放又云爾昨日因注想將喇嘛請坐於
南向空中對面相向故講究時未能制勝今日可注想
將喇嘛請於頂上其面向外如此講究則汗不能與汝
為匹矣禱祀喇嘛時則對面相向講究時可想其面向

外言訖又復不見此乃有根基之薩斯嘉師徒之護法綽克托瑪哈噶拉之神奇變幻將汗處之功德喜金剛根本經特取前來以示之也次日講究時大汗未能與瑪迪都斡咱為匹汗於是心甚篤誠將通備功德喜金剛之四灌頂承受贈以土伯特語謂之喀木蘇木垂濟嘉勒布喇嘛帕克巴漢語謂之三省大王國師蒙古語謂之古爾班噶扎特達奇諾們哈罕烏勒木濟喇嘛滿洲語謂之伊蘭巴伊諾們汗綽勒郭囉科喇嘛封號將

秦貝哈屯之父默爾格特之蘇爾噶圖瑪爾噶察所獻圓大如駝夫無瑕無孔之珠設於百兩金壇城之上呈獻復於千兩銀壇城之上設金製須彌山四大部洲日月七珍八寶又將金銀琉璃等寶以及綾緞錦繡財物並象馬駝隻等牲畜呈獻無算并塞勒木濟城之人衆一同獻納由是昏昧之蒙古地方佛教昭然如日矣自額訥特珂克地方將佛並佛之舍利四天王所獻之鉢盂旃檀木製造之昭佛請至遵照經文施行十善福事

以治天下安享太平人咸稱為轉千金法輪之咱噶喇斡第徹辰汗在位三十六年歲次庚申享年八十二歲殁徹辰汗之泰貝哈屯生多爾濟莽噶拉精吉木諾穆罕四子一女齊齊克先於庚辰年徹辰汗年六十六歲時帕克巴喇嘛年四十六歲將回家汗降旨云我四子内誰往送此寶貝喇嘛至家日後令即汗位二兄俱不願往惟第三子精吉木台吉云我願報父恩前往遂送帕克巴喇嘛行至蒙克地方而殁汗云我前已有成命

於精吉木之三子噶瑪拉達爾瑪巴拉特穆爾弟兄三人親為諦看以特穆爾克承治統遂將第三孫特穆爾於汗在時令其即位特穆爾汗係乙丑年降生歲次甲午年三十歲即汗位後伊祖殁自丁酉年起纘承治統供奉有名之薩斯嘉滿珠郭喀喇特納格都喇嘛照前整立二政以四大道致民人於太平纘緒十一年歲次丁未年四十三歲殁嗣達爾瑪巴拉之子海桑辛巳年生歲次戊申年二十八歲即位命有名之托音垂濟鄂

特色爾之羅咱斡僧人將史咒各經繙譯大半以道教惠養大衆在位四年歲次辛亥年三十一歲歿弟阿裕爾巴里巴特喇汗乙酉年生歲次壬子年二十八歲即位供奉有名之薩斯嘉錫哩巴達喇嘛仍遵前政宏圖永固在位九年歲次庚申年三十六歲歿子碩迪巴拉汗癸卯年生歲次辛酉年十九歲即位供奉有名之薩斯嘉布特達錫哩喇嘛以道教休養大衆驅逐唐古特之赤卜賚汗以定密納克之衆在位三年歲次癸亥年

二十一歲殁嗣噶瑪拉之子伊遜特穆爾汗癸巳年生
歲次甲子年三十二歲即位令薩斯嘉布尼雅巴達及
蒙古師羅咱斡錫喇卜僧格二人將從前未繙之經繙
譯在位五年歲次戊辰年三十六歲殁海桑汗之長子
和錫拉汗庚子年生歲次己巳年三十歲即位在位四
十日即於是年殁弟庫色勒汗乙巳年生歲次己巳年
二十五歲即位在位二十日即於是年殁嗣阿裕爾巴
里巴特喇汗之子托克特穆爾汗甲辰年生歲次己巳

年二十六歲即位敬奉有名之薩斯嘉阿難達巴達喇嘛崇祀昭釋迦牟尼佛於上方福地大施金銀寶貝於釋迦牟尼佛法極加敬重修明道教在位四年歲次壬寅年二十九歲歿嗣庫色勒汗之子額琳沁巴勒丙寅年生歲次壬申年七歲即位在位一月歿托克特穆爾汗之子托袞特穆爾烏哈噶圖汗戊午年生歲次癸酉年十六歲即位供奉有名之薩斯嘉阿難達瑪第喇嘛遵依從前道教而行遂賴道教獲享安逸歲次甲申漢

人朱姓之子朱噶生時其家見五色紅光彼時阿爾拉
特之博郭爾濟諾延後裔拉哈之子伊拉呼丞相奏於
汗云常人生時能有此兆乎此子必異人也應乘其年
幼殺之汗以其言為非未殺其子伊拉呼丞相又奏云
令不聽吾言恐遺害於將來矣若此子長成禍將叢生
後其子長成賦性警敏汗甚愛之降旨將右省人衆令
托克托噶哈哩常父子二人為長以領之將左省人衆
令朱姓之子朱噶布哈弟兄二人為長以領之因將左

省佔據於是朱葛諾延與一漢人號司馬平章之內大臣寅緣固結令其在汗前以托克托噶太師心蓄異念搆結外人之語以讒譖之是夜汗復夢見一鐵牙野豕突入城中欲嚙衆人之際因不得路遂各處抵觸奔走又見日月同墜次早即以是夢告知漢人王先生令其詳解伊云此將失汗位之兆也汗恚以何為出此怪異之語遂詢問阿爾拉特之伊拉呼丞相伊拉呼丞相云固為好徵我前未嘗言之乎在在飛塵並烽烟四起汗

以此童子年幼何知因名洪吉喇特之托克托噶太師詢問太師答云鐵牙之豕朱姓為亂之兆日月同墜乃汗與奴僕無分之兆也汗問云今當何以禳之答云前伊拉呼丞相之言甚是令從照伊之言惟將朱姓人殺戮此外别無他策汗意以太師乃大人蓋亦側目我重用朱葛故為此以譖之耳遂不殺朱葛聞其言與前結好之司馬平章並委心腹肆行讒惡托克托噶太師聞之屢言於汗因汗不信從乃云此我厄運非吉徵也遂

益加防範詎朱葛諾延差人往試托克托噶太師太師預知乃設一計於門前用一木槽貯水水中貯砍碎木植數塊上置剃頭刀一把牛毛一縷所遣之人即來至審視而去白曰並無别言惟門上貯放上項物事云云朱葛諾延會其意曰木槽所貯之水有如大海乃譬言大國是也砍碎之木如海内之舟乃譬言汗與太師諾延宰桑等是也剃刀牛毛也乃言其利如剃刀其細如牛毛譬言汗之法度是也又轉念似此有智之人如不

用計殺之伊諸事皆能洞知斷不可留遂告知司馬平章令復轉奏云托克托噶太師實有惡念於汗試召伊前來齊集看其來否則可知矣遂遣司馬平章往召太師至半路而回云名太師不至汗曰此有惡念信矣不然何為不至耶於是令司馬平章帶兵往殺托克托噶太師司馬平章將衆兵留於錫囉干城獨往見太師云有密旨潛告云有人奏汗言大諾延有惡念於汗因未知虛實降旨令召太師商議太師雖知其計因時已至

不可避遂往司馬平章曰我先往預備牲畜若有遲滯則汗恠我遂先往備兵太師至遂引入殺之回奏於汗汗降旨將現在左右省所有人衆令朱葛曾轄令司馬平章參知政事朱葛奏云承汗惠愛重恩我豈忍安居於室若令徵員前往未免擾累屬衆我願親身往收貢賦汗甚喜悦允其行由是朱葛三年不至汗怒甚嚴諭司閽人云朱葛去久伊若來時勿令入城汗一夕夢一白髮老人來云爾自殺守城之犬任狼自外馳來是何

意見因大怒嗔責瞬目不見次日汗因夢疑懼思所謂自己之犬者其殺托克托噶太師之謂歟所謂外面之狼者其朱葛外出之謂歟遂告知阿難達瑪第喇嘛喇嘛良久無語徐奏云按曩昔我尊勝喇嘛具五識極至之怕克巴巴喇密特所造法語寶藏素布錫達史內有雖將己友為仇尚屬有益若將他仇為友殊為可畏之語今將如守城之犬托克托噶太師殺害將如馳走之狼朱葛信任此夢之預示凶兆也汗問曰今如何方能

濟之喇嘛奏曰從前呼必賚徹辰汗時我崇上法王帕克巴喇嘛坐泣三日汗問曰喇嘛爾何故大泣答云汗非為我二人之時也後九世十世時降生托袞汗伊等必毀滅我二人之教是以哭泣汗云喇嘛爾如此少年何以知此遠事答云汗不獨此也且知曩時此地曾下七日血雨汗遂檢查古書一冊內載昔時中國唐太宗時此地曾下血雨七日故額訥特珂克之托克默特師之弟蘇班都師之徒向唐朝之漢僧元裝羅咱斡云非

爾之時也爾後十餘世爾之戚中降生唐英龔王汗方
為運行爾道之兆其書一冊閱訖汗較前益加敬奉信
服似此聖卦示驗至時誰能阻抑耶惟願汗向髙明喇
嘛禱祀誠禮三寶虔祝本身護法庶為可挽汗怒降旨
令喇嘛爾今且回原處喇嘛喜甚云當此金甌永固玉
燭常調之時令我回家非汗之旨乃喇嘛之幸也遂束
裝而去

欽定蒙古源流卷四

欽定四庫全書

欽定蒙古源流卷五

額訥特珂克土伯特蒙古汗等源流

朱葛住南省三年與彼處八十八萬漢人固結盟好乃摺奏云遵汗之旨已徵收賦稅攜帶前來闍人見有財帛不勝欣悅使之入奏云滿載九萬車財帛而至檢查賫至之物據稱前三萬車内裝載各色珍寶財帛中三萬車内裝載各項器械後三萬車内裝載各品飲食之

物及卸看前三萬車所載之物實係珍寶財帛隨後之六萬車內則係披堅執銳之兵並礮三尊如蠟燭裹飾一同裝載詭云恐車內裝載之物一時不能卸完置此蠟燭以備夜間燃照遂將蠟燭俱已點灼先已約定燃至礮線聞礮聲則車內伏兵即發至是前三萬車中之物將次卸完礮聲一振兵丁突出攻擊衆皆驚潰無一人能敵於是汗悟前夢乃袖玉璽攜福晉皇子出奔並攜同阿爾拉特之伊拉呼丞相阿喇瑪之布哈丞相哈

薩爾之後嗣多古勒和巴圖爾台吉等七人力戰而出此烏哈噶圖汗於癸酉年即位在位三十六年歲次戊申年五十一歲因好諂佞以致建都之岱都地方一旦墮於堯頑之詭計永失統業自威力青吉斯汗降生之壬午年起凡二百零七年歲次己酉青吉斯汗即位至戊申凡一百八十年蒙古汗等傳位共一十五世自是汗由古北口出亡感悔而歌曰以諸寶裝嚴之大岱都城以應時納涼之尚都海綳古爾都城與我烈祖避暑

之尚都沙喇塔拉際此戊申以致敗亡遂失大統且九
色寶物裝嚴之大岱都城執掌九十九政之尚都海綳
澤溥衆生道拯黎庶一統君主之赫赫名譽晨起登高
眺望則清光燦爛有時前後觀覽則威儀赫奕留憩於
此雖歷冬夏而無鬱悶又額爾克圖徹辰汗創立之寶
貝岱都祖宗安居之大岱都城並撫有汗衆宰桑以及
所屬民人之衆多乃不聽伊拉呼丞相之諫者是我之
遺恨也信任叛去之朱葛者是我之愚昧也誤殺烏哈

圖托克托噶太師逐去寶異尊上喇嘛者是我之罪愆也君汗之名譽可惜究之大可惜者際此昇平之時呼必勒罕徹辰汗百計經營而得此駢集福祉之岱都城以予狂惑而失於漢人朱葛之手愚頑之名我多袞特穆爾其難辭矣歌聲既哀繼之以泣方大亂時各處轉戰蒙古人等四十萬內惟脫出六萬其三十四萬俱陷於敵於是先後脫出之六萬人聚集於克呼倫河邊界起造巴爾斯潤坦城居住歲次庚戌年五十三歲戊子

阿裕錫哩達喇汗戊寅年生歲次辛亥年三十四歲即位在位八年歲次戊午年四十一歲歿弟特古斯特穆爾汗壬午年生歲次己未年三十八歲即位在位十年歲次戊辰年四十七歲歿生子恩克卓里克圖汗額勒伯克尼古埒蘇克齊汗哈爾古楚克都古楞特穆爾洪台吉弟兄共三人恩克卓里克圖汗己亥年生歲次己巳年三十一歲即位在位四年歲次壬申年三十四歲歿弟額勒伯克汗辛丑年生歲次癸酉年三十三歲即

位舉國上尊號稱為額勒伯克尼古埒蘇克齊汗忽被鬼怪所迷一日於雪内射一兎見血點落於雪上乃曰安得有面色潔白似此雪顴頰紅艷似此血之婦人乎衛喇特扎哈明安之浩海達裕荅云汗之弟哈爾古楚克都古楞洪台吉之妻鄂勒哲依圖洪郭斡拜濟顔色較此尤為都麗汗云浩海達裕爾果能愜我意使彼與我一見即令爾為丞相管轄四衛喇特浩海達裕乃伺都古楞洪台吉出獵後往見鴻郭斡拜濟說云奉汗之

旨謂爾都麗衆皆稱異欲來爾家看視拜濟大驚云天地豈有混淆之理乎汗之貴重豈有覬弟婦之理乎弟哈爾古楚克鴻台吉已與之乎兄豈為黒犬乎浩海達裕以其言盡行具奏汗怒截殺其弟於路而納懐孕三月之弟婦弟哈爾古楚克洪台吉癸卯年生歲次己卯年三十七歲殞命迨後汗出放鷹浩海達裕為請名號備宴以至在外坐候汗駕鴻郭斡拜濟聞知遣哈爾古楚克之僕人多克新沙喇謂之曰爾為何坐於外可入

我室中候汗乃喚入大加禮敬洪郭斡拜濟以奶油和
奶酒盛於銀盃內云爾自卑汚致我於尊榮賤軀已為
貴體以稱拜濟之人而為伯奇太后由台吉之拜濟得
為汗之福晉我深感爾恩主上亦諒知此大恩令特把
盞以酬爾之德耳浩海受而飲之不覺醉仆於地拜濟
於是將浩海置之椅上揉巳髮一縷擲之各處仍自毁
其面傳習庫爾新之大衆看視遂遣哈爾古楚克之僕
人多克新沙喇迎往奏汗汗至見其背坐而泣問云爾

何為而泣乃將酬謝浩海之言一一告知且云伊飲酬
酒一盃醉後肆言因褻我不從即如此傷我浩海一聞
此言急起乘馬適去汗云觀浩海之適斯言誠然矣遂
追去浩海拒戰將汗小指射斷當將浩海圍住擒殺交
蘇尼特之旺沁太保剥取浩海之皮給與拜濟拜濟尚
不愜意既吮汗小指之血又以人皮何似取而觀之併
餂浩海皮上之油乃曰既得吮懷蓄惡念汗之血並餂
獻讒佞口浩海之油雖係婦人夫仇已報今即就死無

憾矣汗其速令我回汗慕洪拜濟之色並不加怒反向
浩海之子巴圖拉云誤殺爾父矣遂降庫伯袞岱大福
晉所生之薩穆爾公主妻之授為丞相令管四衛喇特
時衛喇特克埒古特之烏格齊哈什哈聞之云汗政治
不端殺弟哈爾古楚克洪台吉以弟婦洪拜濟為福晉
淫虐亂法復被拜濟所欺殺臣浩海以有此恥乃既有
我在而令我屬人巴圖拉管轄四衛喇特不勝憤怒汗
汗聞之與埒巴圖拉丞相議殺烏格齊哈什哈詛庫伯

衮岱大福晉致信於烏格齊哈什哈烏格齊哈什哈即乘馬而來既弒額勒伯克汗乃娶鄂勒哲依圖洪拜濟為妻蒙古人衆大半降之額勒伯克汗癸酉年即位在位七年歲次己卯年三十九歲殺哈爾古楚克甫四月即於是年為烏格齊哈什哈所弒汗佔鄂勒哲依圖洪拜濟為福晉時已懷孕三月及烏格齊哈什哈娶時懷孕已七月又三月歲次庚辰生一子取名阿寨烏格齊哈什哈愛養如己子而巴圖拉丞相復令阿薩特之子

烏格德勒庫爾筐抬糞取爾筐之義命名曰阿嚕克台
以供使役自是與蒙古人衆不相能矣額勒伯克汗之
長子琨特穆爾丁巳年生歲次庚辰年二十四歲即位
在位三年歲次壬午年二十六歲歿無子弟額勒錐特
穆爾己未年生歲次癸未年二十五歲即位在位八年
歲次庚寅年三十二歲歿子德勒伯克汗乙亥年生歲
次辛卯年十七歲即位在位五年歲次乙未年二十一
歲歿是年乙未烏格齊哈什哈懷記前仇殺浩海達裕

之子巴圖拉丞相由是四衛喇特前往會盟適有三人而回路遇阿薩特之阿嚕克台拾糞問云大人會盟之事若何三人譏之云墨爾根項負繩纜而為大統憂勞且笑曰今已擊譭倭浩海之皮阿寨台吉稱汗名阿嚕克台者為太師大興政治矣迨三人去後阿嚕克台取糞筐置於地云此非若輩之言也葢天命耳我乃屬下之人於我何有惟阿寨台吉乃天子之裔惟天神鑒之而已乃向天叩拜維時烏格齊哈什哈已死烏格齊之

子額色庫丁卯年生歲次己未年二十九歲即位娶巴
圖拉丞相之女薩穆爾稱為額色庫汗乃令鄂勒哲依
圖洪拜濟阿寨台吉母子及阿薩特之阿嚕克台太師
三人於額色庫汗家中使役額色庫汗在位十一年歲
次乙巳年三十九歲殁由是薩穆爾福晉懷記烏格齊
哈什哈作惡之仇將鄂勒哲依圖洪拜濟阿寨台吉阿
嚕克台太師三人匿而出之遣往母家蒙古地方額色
庫汗殁後額爾克徹古特人衆大亂薩穆爾公主曾向

其父極力叩請以為此際正可用兵其子巴噶穆聞之
云母現有母家他人何得出此言耶其母畏懼遂無語
其時科爾沁烏濟錦諾延之子阿岱台吉已佔據前所
餘剩蒙古人衆及三人至彼盡述公主之言阿岱台吉
係丙辰年生歲次庚寅年三十五歲携鄂格德依圖洪
拜濟即君位與阿嚕克台以太師名號阿岱汗阿寨台
吉阿嚕克台太師三人為首加兵於濟勒滿汗征伐四
衛喇特俘擄巴圖拉丞相之子巴噶穆既至阿寨台吉

云公主姊曾加惠於我等今釋放此子以報之何如阿
嚕克太師云狼子不可豢敵嗣不可育昔放出我等時
此子曾有惡言阿岱汗以阿嚕克台之言為然遂將巴
噶穆羈留阿嚕克台太師謂之曰昔日爾父巴圖拉丞
相曾令我負筐拾糞呼為阿嚕克台以供使役今日所
值誠如日月旋轉今將昔時爾父之仇即報之於爾因
取覆於釜中之義命名曰托歡役於家內乃阿嚕克台
太師之妻格呼勒阿哈念其係公主之子甚憐之一日

格哷勒阿哈與之櫛髮適蒙郭勒津之蒙克拜往看見之曰阿哈與其櫛伊之髮辮何如閹之為當言訖而去迨後薩穆爾公主親來懇求太師將托歡帶回托歡於四衛喇特為首人衆之前告之曰今蒙古等即如我從前之亂此時若用兵必能取勝薩穆爾公主云此小兒蓋因已身受困為此復仇之言耳何必作惡諫之不聽兵出正遇阿岱汗行圍阿岱汗令賽穆沁薩勒穆沁二衛喇特佩帶揷梅針箭之撒袋自佩揷四枝大尖披箭

之撒袋以獵其時四衛喇特之台噶特四人叛去汗用
撒袋內之四枝大尖披箭將四人射仆敗去藏於汗之
亭內汗既回徒手並無器械遂被弒托歡太師秉密爾
緻之黃色良馬將亭遶走三次云爾身像索多室從白
色可耳我則索多之後裔托歡也都沁都爾本二部落
人衆皆曰此乃聖主非僅為蒙古等之君乃統據五翁
格四郭囉勒之汗玉皇上帝之子也報應甚速令觀爾
之言語動作甚屬背謬當作速叩禱聖主以求救命不

之聽而曰我自身性命向誰求乞令衆蒙古等俱為我有其照從前蒙古汗等尊上汗號耳遂致祭於汗回時驟聞上之金撒袋錚然有聲近侍之人見中壺内所插挑遠箭一枝顫動又見托歡太師鼻口流血正驚駭間大衆復見太師血浸透衣兩琵琶骨間正如箭痕浮露於外而中壺内之挑遠箭一枝帶有血跡其都沁都爾本二部落人等驚惶以為上不悅所致云隨名其子額森至囑之曰丈夫中之丈夫索多可謂出類拔萃惜乎

不能保身因涉險尋母索戴為汗所害我已莫盡爾之芒剌所餘者僅蒙郭勒津之蒙克拜而已言訖即歿阿岱汗庚午年生歲次丙午年三十七歲即位在位十三年歲次戊午年四十九歲為托歡太師所殺阿岱汗與托歡太師二人同年而歿托歡太師之子額森丁亥年生本年戊午年三十二歲即君位遵其父遺言殺蒙郭勒津之蒙克拜本日帶領都沁都爾本二部落行兵於漢地額森汗夜夢伊身轉生闊有人云誰人養此有人

答以除阿索特阿嚕克台太師之子阿里瑪丞相之妻格哷勒阿哈之外誰復扶養耶遂令所屬詳解此夢衛喇特之巴噶圖特錫賚汗必錫古勒解之曰可擒獲大明汗付與阿蘇特之阿里瑪丞相由是加兵於大同地方擒獲大明正統汗謂應夢兆交與阿里瑪丞相留養於六千烏濟葉特之高阜和煖地方及歸令云誰若將捉獲大明汗之事先我告知我母我必殺之至家抱其母云重生我矣母問爾試言擒獲大明汗情形詰問此

係何人所言答以永謝布之布庫索爾遜喜極所言頗
森汗不聽其母勸止竟殺布庫索爾遜挂於樹間於是
蒙古衛喇特之酋長共相議論以為此次出兵之前殺
一人及撤兵回又殺一人屠戮是務未免不祥又屬下
蒙古等議云前此既殺蒙克拜令又殺索爾遜由此觀
之必將盡殺我蒙古人等矣由是紛紛背叛散離大半
阿賽台吉生三子長子岱總台吉生於壬寅年次子阿
噶巴爾濟台吉生於癸卯年幼子滿多固勒台吉生於

丙午年歲次巳未岱總年十八歲即位阿噶巴爾濟年十七歲令為濟農滿多固勒年十四歲弟兄三人督率行兵四衛喇特迎戰於吐魯番之哈喇地方衆議欲奪大隊纛項務須選派勇士於是蒙古派烏爾哈特之巴圖魯錫古蘇特衛喇特派布里雅特之巴圖魯珪林齊是二人彼此詢問名號之後乃云我二人於太平時為友曾記一日在此地坐飲約云若都沁都爾本二部落起釁興戎除我二人之外誰復肯出彼時我二人相遇

其如之何哉珪林齊云我善射能穿爾之盔及甲錫古蘇特亦云我善砍能劈爾之項及踵至是巴圖魯錫古蘇特乃服重鎧而出遥呼曰善射之人爾試射之巴圖魯珪林齊遂先射之將錫古蘇特之重鎧射透稍創軀體縁側身於鞍後躲過遂復前進砍之竟至珪林齊衣襟因日落天晚約詰朝再戰是夜相對扎營四衛喇特甚懼議云其降之耶抑何為耶特凌古斯之阿卜都拉徹辰云蒙古人見識惡我試往誘之若我身能回即尊顯我我若死可善待

我後裔言訖遂往以為岱總汗聰智必能覺察阿噶巴爾濟濟農愚昧尚可計取其子哈爾固楚克有威可畏而材智過人何可用計賺之耶惟聽命而已於是至濟農之室說之曰濟農爾若獨取則我等俱欲順從若汗與爾二人分取將何所歸附與為爾等所制不若死於鋒鏑之為快令額森太師遣我前來聞汝之兄汗輕爾過甚爾兄一人坐食從不分惠與弟故乘夜密商之耳濟農云阿卜都拉徹辰之言確而有理汗兄授我為濟農差往西圖們之時

止與一黑色跛足兒駝令於野地又將我僕人阿勒噶齊特察罕奪去我何故復視彼為兄而助之乎今與四衛喇特會合以避彼可耳其子哈爾固楚克諫云嘗聞人若狎匿戚匪則將下流親護同胞則能發達親護岳父母則人譏之親護君上則人賢之額森太師雖我之岳翁我則為父之名譽而言與其倚仗外人不若殺此侵我讎人之為愈也濟農云孺子安得妄言干瀆是夜遂與阿卜都拉徹辰遺索倫之和托巴噶輝察固特之蒙克二人會

合四衛喇特次早領衛喇特兵來戰其兄岱總汗雖奮力以擊而兵衆紛亂竟不能軍汗云敗矣異哉巴圖魯錫固蘇特叛矣為騰格哩因圖古里克阿卜都拉徹辰所欺矣阿噶巴爾濟濟農凶頑負恩叛逆惜哉名也岱總汗乃騎塔奇淡黄馬敗走奔往肯特汗山渡克嚕倫河途遇郭爾羅斯之徹卜登緣從前曾將徹卜登之女阿勒塔噶勒沁出離令回母家此行正與雝人遇徹卜登欲殺之女諫曰從前我之過若害及博爾濟錦罪莫大

矣今彼困頓跋涉若加保護將來自必有益不聽殺之自己未至壬申在位一十四年年三十一歲終於徹卜登之手由是阿噶巴爾濟濟農會同四衛喇特告以昨吾強悍之子哈爾固楚克曾有與其倚仗外人何若逐出殺之以復前仇之語我以威嚇之而止衛喇特之衆蒙古等聞之私相譏誚云此濟農非真濟農乃瑪喇勒額勒濟根應食其肉者也阿噶巴爾濟濟農額勒濟根之稱由此始矣迨後四衛喇特等寮議云濟農為人無

異畜類若哈爾固楚克台吉乃將來必能復讎之人活狐安得繫於鞍上乎我等與都沁都爾本結仇至深伊等若懷記此讎何得養育伊等耶遂欲殺其父子額森汗袒護其壻乃云伊父雖有過愆然逐其兄而與我合若論此子尚係好人可以為友何必殺之乃阿卜都拉徹辰告於衆曰逐父兄而訟己子不慈不友似此讎人我等何可留之若養其子則尤不可其人之險言語之狠豈未聞之乎衆皆然之因相計議令阿卜都拉徹辰

往告濟農云都沁都爾本兩部落已為屬下令請濟農為我等汗即將濟農之號賞給額森濟農云爾等之言甚是即照所言而行伊等既出哈爾固楚克台吉諫云上天日月二也下土汗濟農二也索岱之後嗣伊等之太師丞相二也奈何以已之名與人耶斥責其非不聽哈爾固楚克又云原無與汗父抗言之理乃為汗之名譽大統而言惜乎豈自欲隕其黔首乎蓋欲所屬蒙古人衆底於敗亡耳遂出由是聚集都沁都爾本二部落

奉阿噶巴爾濟即汗位以額森太師為濟農詎四衛喇特設計聯絡二大室於後室內掘一大穴覆之以氊大備筵宴遣利口之徹辰往奏濟農以都沁都爾本二部落因濟農已為汗又賞給我等四額爾克楚特濟農之號大施恩惠令甥濟農額森備筵以賀遣令來請舅汗汗許之往及汗往臨詭云隨來之諸兄弟等各帶二人隨入我等逐一把盞遂將大衆置之遠地令汗帶四人台吉等各帶二人隨入乃先作梭人數算之狀及進衆

大呼按次擒戮皆擲於後室所掘穴内其為羽翼之三十三人亦盡被殺戮哈爾固楚克台知覺密令僕人伊納克格爾前往偵看以室内並不見一人惟見後室東邊氊帷縫内流血之語告之哈爾古楚克台吉云謂之睡則睡矣乎謂之死其已死矣乃帶伊納克格爾逃出適衛喇特遣勇士三十人往追遂匿於翁衮哈雅哈卜察該山有衛喇特之色勒必斯巴圖爾圖林等三人身穿重鎧登山而來伊納克格爾射透重鎧及其後二人

皆滚仆嗣托爾郭特之察拉斯圖爾根服三層鎧甲持槍而上伊納克格爾云我非此人敵手台吉試射之台吉乃指其心窩射之直透三層鎧甲箭出背後察拉斯圖爾根既仆餘人竄去於是二人商議我等步行可往何處是夜伊納克格爾盜取額森汗名博郭喇哈卜織黑馬名額爾默克錫爾噶沁線臉騍馬黑馬與台吉乘騎自乘錫爾噶騍馬以通瑪克汗珠齊之後嗣原係姻戚遂投往通瑪克地方適遇通瑪克之阿克蒙克富人

台吉遂與彼同居諭令伊納克格爾往探額森太師存否都沁都爾本二部落人衆近狀若何探明以告若再有閒暇往看我妻齊齊克如未適人即接來與我相見其時額森汗已即位佔據都沁都爾本矣其後彼富人行圍驅有香獐十隻而至台吉赦其一餘皆殺之阿克蒙克之弟章錫蒙克變色以為大謬因射殺台吉維時台吉之僕人伊納克格爾既歸捉獲阿克蒙克牧馬之人詢之告以台吉被害情狀遂殺牧人取馬一羣往見

齊齊克拜濟哈屯哈屯問其故哭訴云我台吉被通瑪克之人所殺將我折磨役使我令逃出來歸額森汗初齊齊克拜濟其父曾欲令其再適矣誓以未聞哈爾固楚克之死斷不適人懷孕七月與哈爾固楚克相離越三月本年壬申分娩其父額森汗云齊齊克若生女則留之若生男則殺之齊齊克聞之乃將其子之胞系掣縛臀後來看之人誤以為女而去其人既出齊齊克拜濟即將察哈爾之呼拉巴特鄂托克之鄂推媽媽之女

置於摇車内前往薩穆爾公主媽媽處訴其故公主遂
取其子命名巴延蒙克付與高麗之僧格勒都爾之妻
哈喇克沁戴福晉乳哺養育後額森汗之孫欲殺此子
薩穆爾公主媽媽謂之曰爾以其將來長成不知為何
如人以為讎耳然既係我裔豈非爾之甥乎我子托歡
若在亦向我如此言乎額森之孫爾欲害我之孫乎怒
以責之額森之孫懼黙然而出又議以欲絶博爾濟錦
之後媽媽不允令須背公主潛殺之伊納克格爾聞知

告知公主公主云若有妥實之人可遣往蒙古地方伊納克格爾答以十三歲時曾率領本旗効力於衛喇特之烏格特依太保彼以未嘗施惠於我為憾令我前去試探其言遂往見巴圖爾烏格特依謂之曰爾欲建功令齊齊克拜濟三歲子額森殺殺之爾若告知公主將其子送往蒙古地方不但爾之一身以及爾之後世皆可為蒙古之巨擘矣烏格特依太保然其言往見公主訴云聞額森欲殺此子我願送往汝之母家公主喜甚

謂之曰誠如汝言善無過於此者乃令衛喇特中明安之烏格特依太保喀喇沁蒙古之博賚太師薩爾塔郭勒之巴延岱墨爾根鴻吉喇特之額塞壘太保四人送往並有鄂羅郭特尋來助給口糧將伊女錫吉爾許與巴延蒙克台吉為妻公同保護遣令歸宗從此得安居矣彼時衛喇特右翼之阿拉克丞相左翼之特穆爾丞相二人前來告於額森汗云爾已為都沁都爾本二部落之汗矣今可將爾太師之號給與阿拉克丞相汗荅

以我未計及爾等出此言已與我子矣二人大恚云爾不過仗阿卜都拉徹辰之計巴圖拉巴圖爾之謀尼根德墨爾根之力承受蒙古之統耳豈以爾之善乎試看爾父子二人承受都沁都爾本之統言訖而去旋乘馬來戰額森汗敗走遂擄取妻子房産額森汗隻身逃出被布庫索爾遜之子巴郭擒殺肆諸庫克汗山樹上初額森汗擒獲大明正統汗有阿薩特之阿里瑪丞相將女摩羅給與正統汗命名察罕秀薩於家中使役自是

本處旱潦灾害遂多一夜察罕秀薩睡卧阿里瑪丞相之婢晨起擠取牛乳見察罕秀薩碗内現出霞光盤旋告知哈屯哈屯等互相傳説衆皆往看共相駭異以為此乃大有福之人自將伊擒獲以來頗為不利令復有此兆顯係非常之驗可將此人送回其國遂將大明正統汗送回並出六烏齊業特盛以大都之金銀大庫内難以負任之什物與之正統汗所娶蒙古地方之女名摩羅者生子朱泰薩為阿薩特之女塔勒拜之壻後聞

額森汗已殁岱總汗續娶之福晉薩睦爾太后生一子名蒙古勒克哷青吉斯丙寅年生七歲貯於皮櫃以馬負之伊母薩睦爾福晉持刀帶領騎牛乘馬及步兵出師由庫奎扎巴哈往伐四衛喇特大有俘獲撤兵而回即奉蒙古勒克哷青吉斯台吉即位維時七歲稱為烏珂克圖汗撫綏所餘蒙古人衆歲次癸酉年八歲為多倫土默特之多郭朗台吉所害初岱總汗離異阿勒塔噶勒沁福晉時曾留其三歲子係丁巳年生名摩倫台

吉年十六歲徹卜登謂係巴蜴收養之歲次癸酉徹卜
登既歿乃役於郭爾羅斯之和巴齊爾家緣本國忽有
大警令筮人卜之云是爾等害博爾錦之報也因有其
其事衆甚畏懼遂遣克木齊吉特之達噶泰郭爾羅斯
之摩勒泰二人送往翁里郭特之摩里海王處於是所
有人衆咸云國祚惟汝奠定之今奉汝即汗位遂備奎
蘇圖黃馬插金杵牽至上前上是時年十七歲即汗位
其後高麗之和托卜罕來告摩倫汗以摩里海王與薩

滿岱福晉計議欲伐爾已帶兵前來摩倫汗云伊與我相好令並無間隙何以交惡不信其言遣人往矙之適見摩里海王在其家左近行圍颺起飛塵遂中道而回告稱實有塵跡颺起汗云果爾可即迎戰於是帶兵往迎汗乘馬之際和托卜罕忽逸去先告云摩倫汗欲殺爾以擄掠爾之僕役人衆業已興兵前來摩里海王以曾加惠於彼未嘗作惡何以搆兵於我耶不之信和托卜罕又以我言為虛試遣哨探人往看為之請摩里海

王自思此誤傳矣欲親自登高眺望遂乘馬登眺果見
蹤跡乃急裹甲向天禱云上天垂照君汗鑑察我曾大
有裨益於汗之後裔今反以惡報我貴裔摩倫汗與鄙
人摩里海王二人無論賢否為憎為愛惟君汗鑑之遂
以少兵交戰竟戕及摩倫汗摩倫汗自癸酉至甲戌在
位二載年十八歲歿摩倫汗之蒙古徹福晉慟哭云使
玷可惜之盛名使我離異君汗者和托卜罕也使盛業
隳墜屬衆皆離異我君汗者和托卜罕也私向摩里海

王獻讒以離間君汗者和托卜罕也摩里海王聞之為
摩倫汗悼悔將和托卜罕割其舌而殺之摩倫汗無嗣
殁後其叔阿寨台吉之衛喇特福晉所生一子名滿都
古勒台吉者係丙午年生歲次癸未年三十八歲即位
為烏珂克圖汗復仇興兵殺哈齊金之姻親多郭朗台
吉收撫多倫土默特適於彼處邂逅表弟巴延蒙克台
吉錫吉爾拜濟二人與原送往之四大臣及伊岳父同
齎口糧而來滿都古勒汗甚為欣悅以為此可以續博

爾濟錦之嗣矣遂給巴延蒙克博勤呼濟農名號滿都
古勒汗為與摩倫汗復仇加兵於摩里海王時鄂囉郭
特巴圖爾錫古蘇特之子烏訥博羅特王秉薩爾黨駱
皮馬引導追殺之由是滿都古勒汗與博勒呼濟農兄
弟二人和好其散佚之六萬人衆俱收撫矣滿都古勒
汗有福晉二人大福晉乃衛喇特之伯格呼遜台吉之
女稱伊克哈巴爾圖鐘金小福晉乃恩衮綽囉克拜特
穆爾丞相之女稱滿都海徹辰福晉乃博勒呼濟農之

哈里古沁洪郭賚向滿都古勒汗讒間以汗弟博勒呼濟農欲加惡於汗以取伊克哈巴爾圖鐘金汗不信云博勒呼濟農斷不出此惡言似爾如此讒間我兄弟之人須懲治之遂削洪郭賚之唇而殺之迨後永謝布之伊斯滿太師奏汗以洪郭賚之言本真乃無罪就戮實屬可憫又赴濟農告以爾兄汗已信洪郭賚前言欲加惡於爾濟農不信又云爾如不信試汝之人將來矣遂出汗前後聞是言遂以為實遣使二人往見之曰爾因

何與我如此結仇或曾告我以洪郭賚之言為實汗使言畢濟農以為遣人探我果如人言遂怒不出一語使人回告濟農發怒並無回言汗以為實怒云令我除博囉克沁伊錫克二女外並無子嗣將來我之僕役人衆皆為彼有令不速發尚何待耶遂遣伊斯滿太師率衆往擒濟農逃避未獲遂掠其產其錫吉爾福晉永謝布之伊斯滿太師佔為妻先是博勒呼濟農娶錫吉爾福晉時於甲申年生一子名巴圖蒙克交巴勒噶沁之名

巴該者藏匿養育滿都古勒汗之博囉克沁伊錫克二
公主俱係小福晉滿都徽辰所生伊克哈巴爾圖鍾金
無所出以博囉克沁公主下嫁於鄂尼郭特之伯格哷
森伊錫克公主下嫁於蒙郭勒津察庫特之科賽塔布
囊滿都古勒汗自癸亥至丁卯在位五年四十二歲
歿歲次戊子博勒呼濟農年二十九歲時生巴延蒙克
歲次庚寅年三十一歲為永謝布之克哩葉察罕特穆
爾蒙克哈喇班第等五人所害先是其子巴圖蒙克四

歲時其母錫吉爾福晉為伊斯滿太師所娶生巴布岱
布喇該二子伊斯滿太師去時以巴勒噶沁之巴該不
善撫養巴圖蒙克乃取回交唐拉噶爾之特穆爾哈達
克養育此子因自幼離去父母遂得膈症特穆爾哈達
克之妻賽海餂穿銀碗底以治之獲痊由是科爾沁之
烏訥博羅特王欲取滿都海徹辰福晉滿都海徹辰福
晉云君之後裔若俱已斷絕則此亦君之屬族似乎可
行但聞君之姪巴圖蒙克現在特穆爾哈達克處既有

伊在我斷不適他人阿勒噶察特桑該烏爾魯克然其言遂止不語滿都海徹辰福晉詢問郭爾羅斯之薩岱昨科爾沁之烏訥博羅特王曾有言道及令此子至若此二人往何處為善薩岱云與其等候幼子不如往適烏訥博羅特於大衆有益復向桑該烏爾魯克之妻扎哈阿海如前詢問扎哈阿海荅以若適哈薩爾之子則引入惡途離却屬衆恐敗福晉之名若守汗之子則上天保佑爾等據有國衆可以表揚福晉之名譽徹辰福

晉以扎哈阿海之言為是而青薩岱云爾謂汗之子幼沖以哈薩爾之子年富是以我福晉寡居故以言戲侮耳遂取熱茶一盞自頂上傾灌之其年庚寅巴圖蒙克年已七歲携其手引至令家宰蒙肯伊喇古祈天禱祝畢向母老福晉云埋沒於善惡不分之處令得聞世傳汗位博爾濟錦後裔之名因訪知哈薩爾之子烏訥博羅特意欲娶我故恚而來求於福晉母氏之亨昔以花馬為贄乃謂此姪沖幼大叔哈薩爾之子可來此資養

豈以母氏之門庭輕薄閥閱低微而來乎抑謂以所仰
望非若烏訥博羅特之盛大而不去乎祈老母福晉鑑
察愚媳之誠心竭誠具奏母后嘉其堅心不移等候幼
子巴圖蒙克婚配愛而憐之俾其左生七男右生一女
循此一生名為七博羅特庶使生齒繁衍遂令之回烏
訥博羅特以其言為是泣下遂息前言不及一字較前
和好有加矣滿都海徹辰福晉係戊午年生年三十三
歲巴圖蒙克係甲申年生年七歲定為夫婦本年庚寅

因欲佔據達延國遂稱為達延汗於老福晉前即汗位由是聰睿滿都海徹辰福晉將髮向上纏裹將國主達延汗貯於皮櫃内以馬負之加兵於四衛喇特大戰於塔斯博爾圖勝之擄獲無算其後滿都海徹辰福晉一乳生圖嚕博羅特烏魯斯博羅特二子其次一乳生圖嚕勒圖公主與伯爾色博羅特二人次生阿爾蘇博羅特一人又其次一乳生阿勒楚博羅特斡齊爾博羅特二子迨後興兵往征四衛拉特時滿都海徹辰福晉墜馬

洪奇喇特之額色壘太保徹辰濟古爾達爾罕巴勒噶
心之巴延布庫阿薩特之巴圖博羅特等四人保護乘
騎巴雅古特之上好黃馬衛之而出由是養成二子又
取阿爾蘇博羅特一人教養之奉老福晉之命此其母
滿都海肫誠善念之所致也乃大設筵宴以慶賀之

欽定蒙古源流卷五

欽定蒙古源流卷六

額訥特珂克土伯特蒙古汗等源流

其扎賚爾呼圖克實古錫之女蘇密爾福晉生格呼博羅特台吉格呼森扎台吉二人衛喇特巴圖特巴噶爾覲鄂托克之阿拉克丞相之子孟克類阿古勒呼之女古實福晉生鄂卜錫袞青台吉格呼圖台吉二人共歷十一汗俱係永謝布之伊斯滿太師專擅事權郭爾羅

斯之托郭齊實古錫聞此倡議遣兵往掠遂殺伊斯滿太師令錫吉爾福晉乘馬乃哭悼伊斯滿太師逡巡不前托郭齊實古錫怒甚謂之曰得毋以結髮之賽音濟農為下賤乎得毋以親生之子達延汗為庸惡乎得毋以所屬之察哈爾土默特為陋劣乎得毋以肆行結讐之伊斯滿太師為嘉美乎言訖拔刀相向始懼而上馬衆皆哂笑托郭齊實古錫遂娶伊斯滿太師之妻郭羅泰為妻以錫吉爾福晉與汗完聚旋據右翼三萬人處

遣鄂爾多斯哈爾噶坦之拜音珠固爾達爾罕永謝布之布哩雅特之珠爾噶岱墨爾根圖們茂明安之多郭蘭阿固勒呼等三大臣帶領三十人前來請曰有洪福君汗業已即位旦夕擊滅仇讐幸及見上天符應滿都海徹辰福晉祝辭衍慶誕育七博羅特君汗所有供奉八白室中之瑩瑩高燭時然馥馥美香雖出六大處屬衆之貢賦仍須永久承治之濟農請於君汗之諸子中簡畀汗與福晉大衆僉許之以烏魯斯博羅特授為右

翼三萬人之濟農令郭爾羅斯之巴海該烏爾魯克隨往稱為阿巴海至汗之陵墓欲於次日叩謝立為濟農之恩時永謝布之伊巴哩台吉與鄂爾多斯之滿都賚阿都勒呼二人密商以為我等之上何用管主我等行事自作主宰可也我等其殺此阿巴海遂密教錫巴郭沁之名博勒卓瑪爾者俟至翌日我等齊集叩謁時爾以阿巴海所乘者係爾等之馬與之爭鬬我等當以言嚇之次日三人依約值阿巴海乘馬前來博勒卓瑪爾

進前以所乘之馬係伊之馬遂牽其纏阿巴海雖從容
分辨不允阿巴海發怒抽所佩順刀以砍博勒卓瑪爾
之頭伊巴哩滿都賚二人大怒云伊今初到即如此舉
動日後殆欲盡除我等乎遂欲殺阿巴海舉事之際鄂
爾多斯哈爾噶坦之拜音珠固爾達爾罕諫云此乃公
同商議以衆庶無主難以行事因懇請君汗遣一子前
來今若作惡於阿巴海不畏上天鑒察耶伊巴哩滿都
賚二人不從首先著甲而至是時洪吉喇特之巴圖魯

庫呼遜以其所乘紅沙馬給阿巴海云衆人之情形殊異阿巴海其避出追不能拒遂藏匿於白室之內當其交戰時鄂爾多斯之名圖默特巴雅里衮者射穿伊巴哩之腹阿巴海正在令人擒縛之際脊背被射而殞其後巴爾斯博羅特賽音阿拉克養育於伊姊額錫客公主噶海之手曾住於蒙郭勒津察庫特之郭錫塔布囊之家巴爾斯博羅特因伊兄授為濟農欲叩謝上恩郭錫塔布囊以此時難以遠信令其乘上好黄馬往依鄂

爾多斯之特穆爾處由此相惡而亂生矣賽音阿拉克
乘上好黃馬與特穆爾一同避去而額錫格公主郭錫
塔布囊二人商議此子我等既不能護養可送與伊父
即咨詢護送之親信人當令鄂爾多斯庫伯古特之特
穆爾烏格新之巴克蘇固里浩爾齊達拉特之吹圖爾
根烏喇特之推瑪克布喀斯之恩庫爾星和爾之阿哈
岱裳郭勒津之畢里克圖等七人往送又令一婦人隨
賽音阿拉克之博坦福晉併將三歲之衮必里克帶往

僅留阿勒坦蒙郭勒津之錫尼凱烏爾魯克額伯格衣
阿哈二人自是往尋汗父途中口糧斷絶採野蔥且食
且行特穆爾復殺一野騾以接續口糧遂得尋至達延
汗乃特賜特穆爾太師名號其餘七人均施恩復其家
馬旋帶兵以征右翼三萬人甫入翁觀山谷急欲出谷
駐營乃達拉特之巴圖魯訥古呼凱趕牛吹海螺行走
左翼三萬人疑牛蹄殘踏之聲為甲胄之聲以為兵至
紛亂逃避達延汗之額伯爾黃馬涉河半渡倒落汗之

盔纓陷入泥淖極深不能起立因呼曰號巴蘇特托觀之糖紅兒馬陷住扎固特之察罕徹格濟二人回身救出乘馬而行因黑夜不辨谷口越矮山行去衆人之馬鞍俱各脱落遂名此山為英噶爾察衮嶺云適有巴圖魯訥古呼凱作歌曰靜坐之人無異一夢其隨來之左翼土默特是歟非歟惟帝天鑒之以理教誨者圖爾根哈屯也勿遼擾攘者大金屋也達廷汗既旋師駐蹕後伊巴哩滿都賚二人為首派三萬兵前往而浩錫塔布

囊於隊內藏匿二人遣往致信於達延汗云分散之後追趕克錫克騰克木齊古特二鄂托克直至噶海額勒蘇地方而同乃浩錫所遣之二人以行兵既同之後我之巴圖魯訥古呼凱曾如此作歌之語奏聞於汗汗大怒向天叩拜而祝曰忽起惡念前來征伐者因伊巴哩滿都賚無故加害烏魯斯博羅特阿巴海之故也而巴圖魯訥古呼凱肆言譏誚者何也祈帝神質此以鑑焉向天告祭禱訖遂令阿巴噶科爾沁等帶領左翼三萬

人前往征之而右翼三萬人聞汗行軍前來迎會於達蘭特哩袞地方汗降旨云鄂爾多斯者乃為汗守禦八白室之人烏梁海者乃為汗守金穀倉庫之人均屬大有福者其令科爾沁阿巴海阿巴噶岱禦之十二土默特與十二鄂托克喀爾喀同為輔助俱於大永謝布處與八鄂托克察哈爾相會諭訖科爾沁之鄂爾多固海諾延之子布喇海巴圖魯台吉鄂哩延之巴圖魯必扎該扎固特之賽音徹格濟五鄂托克喀爾喀之巴噶遜

塔布囊克錫克騰之巴圖魯烏魯木五人引入使喀爾
喀擊土默特察哈爾擊永謝布于是鄂爾多斯之哈爾
噶坦拜音珠固爾達爾罕奎圖特之達爾瑪達爾罕哈
里郭沁之烏特哈齊昆都楞土默特杭錦之阿勒珠賚
阿固勒呼洪吉喇特巴圖魯庫哩遜永謝布布喇哈
特之索克唐諤布喇杭諤喀喇沁之莽郭勒岱和錫郭
齊七人呼名而來會合引入由烏梁海中間縱橫突戰
巴爾斯博羅特賽音阿拉克帶領巴圖魯四十人前來

引入由土默特中間鄂爾多斯背後來援襲戰之際鄂爾多斯之孟庫庫托克齊知係賽音阿拉克乃云賴君汗威福汗之後裔前來遂舉纛投降由是賽音阿拉克建立大纛立於其下而誤認纛形追趕烏梁海前來之鄂爾多斯之兵大半死焉因此右翼內或有投降者其餘被達延汗驅至青海將三萬人盡行收服於阿津柴達木之上將鄂爾多斯之滿都賚阿固勒呼殺死遂名為阿固勒呼柴達木云永謝布之伊巴哩太師隻身迷

路入於白帽之哈密城被其人所殺達延汗遂收服右翼平定六萬兵民大衆於君汗之八白室前稱汗號於十一子內令博迪承襲汗位因巴爾斯博羅特帶右翼之三萬人投來即令為管右翼三萬人之濟農併授賽音阿拉克為管三萬人之濟農其資送博勒呼濟農之四人幫助滿都海徹辰福晉之四人以及効力於賽音阿拉克之七人護持達延汗被擄時之唐拉噶爾之特穆爾哈達克戕害阿巴海時諫勸之哈爾噶坦拜音珠

固爾達爾罕給與阿巴海上好沙馬乘騎之洪吉喇特之巴圖魯庫哩遜給與阿巴海順刀護衛阿巴海之格倫諾延鄂爾多郭特太師射穿伊巴哩腹之巴雅木里衮達爾罕領頭目七十人入隊左翼三萬人內五人以下凡有出力一切人等俱賞給岱達爾罕名號勅諭金印其扎嚕特之巴噶遜達爾罕塔布囊以滿都海徹辰福晉所生之圖魯勒圖公主降馬越時烏梁海格根丞相托噶台哈喇呼拉特為首以烏梁海萬人謀叛達延

汗率察哈爾喀爾喀兩部落之兵往征之並致信於巴爾斯博羅特濟農之子帶右翼三萬人前來攻入遂與烏梁罕萬人交戰左翼三萬人內則有喀爾喀扎嚕特之巴噶遜達爾罕塔布囊察哈爾扎固特賽音徹格濟之子訥克貝昆都楞哈什哈二人右翼三萬人內則有鄂爾多斯哈爾噶坦之拜音珠固爾達爾罕土默特抗錦之阿勒楚賚阿固勒呼二人此四人與頭隊之兵拒戰破烏梁海大隊收其餘衆併入五萬人內稱為六萬

人此達延汗將六萬人全行收服致蒙古國於太平之原委也在位七十四年歲次癸卯年八十歲而歿其子圖嚕博囉特烏魯斯博羅特二人係壬寅年生圖嚕勒圖公主巴爾斯博羅特二人係甲辰年生阿爾蘇博羅特斡齊爾博羅特二人係庚戌年生扎拉爾福晉所出之格呼博羅特係壬寅年生格呼圖台吉係辛亥年生圖嚕博囉特於汗在時歲次癸未年四十二歲歿子博迪台吉生於甲子年至甲辰年四十一歲即位科爾沁

之巴圖魯摩羅齊建議右翼原係强幹之儔或征掠以離散之或酌量入於左翼均分之博迪阿拉克汗然其言正欲往征右翼之際察哈青安桑太后降旨曰爾等議以均分此三萬人乎從前科爾沁之蘇爾塔該王既破達蘭特哩袞之大隊後奏曰此右翼三萬人若仍留一處必貽患於後嗣若將兩部落入等兼攝於察哈爾巴雅爾而令大永謝布之二十萬科爾沁與我和同將十二土默特合併於十二鄂托克喀爾喀庶可久安我

烈祖曾降旨詰責曰戕害我子之讐人業已尋得伊巴
哩滿都賚二人之惡業已敗露若將此四十萬蒙古所
餘之六萬人盡滅之豈得為人主之功乎今爾自以為
勝於我烈祖乎乃違其旨而欲吞此右翼三萬衆耶一
則我烈祖所定永固昇平之大統豈得毀壞二則曾聞
賽音阿拉克之長子衮必里克墨爾根濟農之子布揚
郭賚都噶爾岱青人稱為見敵則不退縮擊之則披堅
死戰勇於戰鬬之大巴圖爾其伊勒特阿勒坦之子僧

格都古稜特穆爾則稱為能著全副盔甲跳越台拉克
之駝隻墨爾根濟農之子諾木塔爾尼郭斡台吉之子
庫圖克台沙津台吉則稱為能知既往未來之默爾根
布揚郭賚都噶爾岱青之子伯爾格岱綳台吉則張弓
能兩臂相向遂稱為鄂勒博克圖鄂庫克能將馳狐之
尾按節射斷伊弟布爾賽哈坦巴圖爾能穿射三鍁令
若相殘能之固善如不能則人已皆致騷動矣因降旨
諫阻子博迪阿拉克汗遵母后之言遂止不行以致大

國安享太平在位四年歲次丁未年四十四歲歿生子
達賚遜庫登台吉庫格珠特台吉翁袞都噶爾三人長
子達賚遜庫登台吉甲辰年生歲次壬申年二十九歲
於白室前即汗號與右翼三萬人和睦相會而旋阿拉
克第二子阿勒坦來迎向汗求賜號云今統治已平原
有護衛汗治索多汗小汗之號祈即將此號賜我我情
願護衛大統汗然之遂與以索多汗之號由是庫登汗
之號遍處稱揚平治政統俾大蒙古國安享太平因為

時命所奪歲次辛巳年三十八歲歿生子圖們台吉達

賚巴噶達爾罕岱青台吉三人圖們台吉乙亥年生歲

次癸卯年二十九歲即位歲次壬子年三十八歲往見

盤結腰刀之噶爾瑪喇嘛遂受禪教聚集六萬人傳示

大政令左翼三萬人内察哈爾之阿穆岱鴻台吉喀爾

喀之衛徵索博該右翼三萬人内鄂爾多斯之庫圖克

徹辰鴻台吉阿蘇特之諾木達喇古拉齊諾延土默特

之楚嚕克鴻台吉執政理事遂稱為扎薩克圖汗共致

大國治統太平由珠爾齊特額里古特達奇鄂爾三部
落取其供賦俾大衆安戢在位三十五年歲次壬辰年
五十四歲殁生子布延台吉等兄弟共十一汗長布延
台吉己卯年生歲次丁巳年三十九歲即位大衆稱為
徹辰汗以政治佛教致大國於太平歲次丁卯年四十
九歲殁生子莽和克台吉喇卜噶爾台吉茂奇塔特台
吉弟兄三人長子莽和克台吉於父在時即殁生子陵
丹巴圖魯台吉桑噶爾濟鄂特罕台吉二人長子陵丹

巴圖魯台吉壬辰年生歲次甲辰年十三歲即位大衆稱為庫圖克圖汗從邁達理諾們汗卓泥綽爾濟等承受秘密精深之灌頂扶持經教歲次丁巳年二十六歲又遇薩斯嘉班辰沙喇巴胡土克土復承受秘密精深之灌頂創修昭釋迦牟尼佛廟以及各項廟宇於一夏季趲趕建造所有牌位神座俱已造成照前整齊經教因至五百年末運遂分為六大國而稱君馬達延汗之子孫及汗之族屬民衆因背道違理肆意而行故不能

身享太平譬之諺云君一怒而失國象一怒而破城也
汗一味恚怒不悅欲取六大國之統治在位三十一年
歲次甲戌年四十三歲以壽終此達延汗之長子圖嚕
博羅特歷代相傳之政統也次子烏魯斯博羅特無子
令巴爾斯博羅特賽音阿拉克統率右翼三萬人之衆
阿爾薩博羅特墨爾根鴻台吉統率七萬人之衆阿勒
珠博羅特統率內五部托克喀爾喀格吗森扎統率外
七鄂托克喀爾喀斡齊爾博羅特統率察哈爾之八鄂

托克克什克騰格哷博羅特統率察哈爾之敖罕奈曼阿爾博羅特統率察哈爾之浩齊特烏巴繖察統率阿蘇特永謝布二處其格哷圖台吉無子巴爾斯博羅特之子衮必里克墨根濟農阿勒坦汗拉布克台吉巴雅斯哈勒昆都楞汗巴延達喇納琳台吉博迪達喇鄂特罕台吉塔喇海台吉等共兄弟七人長子衮必里克墨爾根濟農丙寅年生佔據鄂爾多斯萬人而居阿勒坦汗丁卯年生佔據十二土默特而居拉布克台吉巴

卯年生佔據土默特之烏古新而居巴雅斯哈勒庚午
年生佔據永謝布之七鄂托克喀喇沁而居巴延達喇
壬寅年生佔據察哈爾之察罕塔塔爾而居博第達喇
甲戌年生幼時曾戲作歌有欲將阿濟賚喇二人勦滅
佔據阿蘇特永謝布而居之語因烏巴繖察青台吉之
子賚喇兄弟相殘責阿濟以殺弟之罪而賚喇無嗣被
害衆議以為歌驗遂將阿蘇特永謝布二處令博第達
喇佔據而居塔喇海幼亡初賚音阿拉克之父年二十

九歲於壬申年為濟農在位二十年歲次辛卯年四十
八歲卒其後袞必里克墨爾根濟農歲次壬辰年二十
七歲為濟農與弟阿勒坦汗二人為首率右翼三萬人
行兵中國至音達噶山谷口明兵迎戰墨爾根濟農之
子布揚古賚都喇勒岱青阿勒坦汗之子僧格都古楞
特穆爾二人衝入明兵隊内來往突擊三次大破音達
噶大隊撤兵而回其袞必里克墨爾根濟農之大福晉
土默特杭錦愛蘭色格爾之女名唐蘇克者所生諾延

達喇濟農拜桑固爾台吉二人喀爾喀扎賚爾額森沙津之女名額實格之鄂克福晉所生衛達爾瑪諾木歡諾延一人土默特蒙郭勒津察古特之和實塔布囊之阿勒坦綽賽音福晉所生諾木塔爾尼郭斡台吉布揚古賚都喇勒岱青班扎喇衛徵諾延巴特瑪繖巴斡徹辰巴圖魯四人永謝布之伊巴哩太師之女阿穆爾津福晉所生阿穆爾達喇達爾罕諾延鄂克拉罕伊勒登諾延二人共謂之九汗墨爾根濟農為濟農十九年歲

次庚戌年四十五歲卒子諾延達喇壬午年生歲次庚申年三十九歲為濟農于是兄弟九汗分析另居諾延達喇濟農佔據四營拜桑固爾癸未年生佔據右翼扣克特錫包沁烏喇特圖伯特衛達爾瑪癸未年生佔據右翼達喇特杭錦墨爾格特巴罕諾木塔爾尼甲申年生佔據右翼巴蘇特衛新布揚古賫丙戌年生佔據右翼伯特金哈里郭沁班扎喇戊子年生佔據左翼浩齊特克里野斯巴特瑪繖巴斡庚寅年生佔據左翼察哈

明阿特科爾沁之三十四處阿穆爾達喇辛卯年生估據右翼四鄂托克衛郭爾沁鄂克拉罕癸巳年生估據右翼三鄂托克阿瑪該而居自是諾延達喇原配福晉生子布延巴圖爾鴻台吉諾木圖都古稜諾延鄂木布達賚諾延必巴錫鄂特罕諾延續娶福晉生子莽固斯楚克庫爾兄弟共五人拜桑固爾生子愛達必斯達延諾延諤巴卓哩克圖諾延塔噶濟宰桑諾延昆都楞諾延兄弟四人衛達爾瑪生子達奇和碩齊鴻台吉海努

克巴圖爾諾延阿哈昆都楞岱青楚嚕克青巴圖爾道
濟徹辰控庫爾庫色勒衛徵卓哩克圖兄弟六人諾木
塔爾尼郭斡台吉之尼袞特古斯徹辰福晉生子庫圖
克台徹辰鴻台吉布延達喇古拉齊巴圖爾賽音達喇
青巴圖爾德勒格爾福晉生子阿穆達爾墨爾根台吉
共兄弟四人布揚古賚之托遜珠拉福晉生子伯勒格
岱綳諾延布爾賽徹辰岱青兄弟二人巴扎爾之哈屯
珠拉生子多爾濟達爾罕岱青鍾都賚衛徵諾延恩克

和碩齊兄弟三人巴圖瑪三巴斡之阿勒坦珠拉福晉無子衆議以為若將伊之屬衆各處分佔令其父母離散實屬難行因令巴扎爾之子多爾濟佔據四鄂托克於是兄弟三人共相和睦將四鄂托克令達爾罕岱青佔據而居阿穆達爾生子圖墨德達爾罕岱青明安之額葉齊諾延必巴錫台吉兄弟三人鄂克拉罕生子克齊吉伊勒登諾延貝博哩諾延庫圖克泰台吉兄弟三人阿勒坦汗年四十七歲歲次壬子行兵四衛喇特于

控奎扎卜罕地方殺奈曼明安輝特之諾延瑪尼明阿圖將表兄并甥婦以及二子並所屬人衆全行收服佔據四衛喇特至十九年取其城行兵中國侵凌騷擾明人大懼遣使阿勒坦汗給與孫王之號并給金印講和阿勒坦汗六十六歲歲次辛未與大明隆慶共攝大統大頒庫藏不計其數六十八歲歲次癸酉行兵薩哈連圖伯特地方將上下沙喇衛郭爾二部落阿木多喀木之阿哩薩噶爾齊斯奇巴喀嚕卜倫布木薩爾唐薩哩

克卜之三諾延以及所屬人衆盡行投服阿哩克喇嘛固密蘇噶巴克實二人率所屬一同歸附於是阿哩克喇嘛為汗解脱三惡緣及來世罪孽昇至色究竟天唪誦大有利益區别取舍等經汗遂耑志經典始念六字心呪其庫圖克圖徹辰鴻台吉庚子年生歲次壬戌年二十三歲行兵四衛喇特于額爾濟斯河征勦土爾扈特擊殺喀喇博郭羅豎立黑纛於竈君之前將錫木必斯土爾扈特存留一半安置其地遂撤兵歲次丙寅

年二十七歲行兵圖伯特次於錫里木濟之三河交會地方大布爾薩喇嘛禪師喇嘛達爾罕喇嘛為首遣使致信於烏松都爾三津河勒坦三津云爾等若歸附於我我等共此經教不然我即加兵於爾彼甚畏懼互相商議已逾三日二弟諫言何須久待立即進兵兄徹辰鴻台吉云詰朝日出時有喇嘛三人前來其正中坐之喇嘛必向我善言之可姑待之耳至次日清晨果有喇嘛三人來謁正中坐者名達爾罕喇嘛向徹辰諾延講

論徹辰諾延問云爾族中有稱斡齊爾托密之墨爾根桑噶斯巴者否答以並無此人因諭之曰爾等及今回去即率衆投誠不加譴於爾等矣遣之回次日斡齊爾托密桑噶斯巴正在牧馬而行見一騎虎鬚眉間放出火焰之人趕至又作為欲行追逐入屋之狀而去因將此緣由告諸衆人伊叔達爾罕喇嘛云昨觀徹辰諾延非常人也是蓋其汗變化以示異耳何可避匿不如同我等前去遂領至相見果即前騎虎追逐之諾延也甫

一相見即如素識之人呼桑噶斯巴而問曰爾昨日緣何避我爾若非化白鳳而去我彼時即擒爾矣伊叔達爾罕喇嘛聞是語顧其姪曰我前未與爾言之乎於是收服三部落圖伯特帶領巴克實喇嘛阿斯多克賽音班第阿斯多克斡齊爾托密桑噶斯巴等三人至蒙古地方以烏堪珠沁丹與斡齊爾托密為妻並給以圭温歡沁之號尊為各官之首領馬其二弟布延達喇古拉齊巴圖爾壬寅年生年三十一歲賽音達喇青巴圖爾

乙巳年生年二十八歲歲次壬申行兵托克摩克於賓喇摩楞地方擊敗阿克薩爾汗掠取屬衆並擄獲秋格依福晉青巴圖爾收為己妻撤兵而回至尼楚衮哈薩拉克地方阿克薩爾汗領兵十萬追至交戰青巴圖爾年二十八歲布爾賽岱青丙午年生年二十七歲徹辰鴻台吉之長子鄂勒哲伊勒都齊丙辰年生方十七歲三人首先進攻由西北方鏖戰古拉齊巴圖爾由正中衝入所乘之馬為阿嚕庫克射斃易馬而戰馬膝又中

箭而倒為殿後兵所擊而青巴圖爾來援其兄同殞于
陣徹辰岱青率布哈斯之圖嚕貝巴圖爾哈爾噶坦之
多塔達噶台吉共七人一同步戰而出鄂勒哲伊勒都
齊所乘之馬被射仍擐甲步行阿巴該吉魯根見之給
以所牽之馬令其乘騎遂由左超上騎之其馬復被箭
仍步行遇哈爾噶坦之賽音海努克侍衛下馬即以其
馬與之乘因欲令其疊騎駐馬讓之海努克云我有子
名巴扎爾其愛護之無庸顧我矣遂乘其馬格鬬而出

迨後其兄徹辰鴻台吉三十四歲歲次癸酉精選賽音
哈屯之四額呼斯塔本克克里之五和碩齊並兵七百
名往征直至哈蘇羅克地方托克摩克之阿克薩爾汗
帶兵十萬迎戰於額錫勒太保徹辰洪台吉傳諭於衆
曰敵隊在前不拘何人不可先我攻進我親領之以入
諭畢乘博囉呼察之賽音阿固拉薩爾拜紅馬身被描
金象皮紅穆納甲冑率衆攻入敵衆於彼隊內見為首
之人鬚眉間放出火焰復見兩隊乘黑馬之兵馬足發

火迅速而至遂敗之殲戮過半自此青巴圖爾之甲無不識者遂生擒阿克薩爾之子三索勒坦分別懲釋以復二弟之讐振旅而回歳次甲戌布延巴圖爾閏洪台吉弟兄加兵於四衛喇特遂將輜重留於巴里坤以次行兵於四衛喇特令巴圖魯鴻台吉哈爾該在前隊而以額色勒貝侍衛領之欲將八千輝特土默特盡行招服徹辰洪台吉於濟拉瑪汗山後以喀木蘇都哩圖二人為首並留巴圖爾等率其子鄂勒哲伊勒都齊追趕

三月之久糧絶有食巳爾吉勒塔石塊者圖巴罕汗之
山陽以綽羅斯之必齊呼錫格沁為首擄掠四鄂托克
於是挨次撤同是時徹辰鴻台吉在博隴吉爾地方伯
奇徹辰濟雅噶齊圖伯特哈實噶濟雅噶齊二使人有
額色勒貝侍衛眼似兎鶻非守分之人恐讒譖八千輝
特土默特人衆以分兵勢之語巳圖爾鴻台吉不然其
言令其等候於外乃額色勒貝侍衛侍徹辰鴻台吉素
日之寵任意於釜内取肋八條與此二人食之遣二使

人去後徹辰鴻台吉怒甚乃擺列整馬肋四塊並琵琶骨斥責額色勒貝侍衛云爾其盡食之諺云染指於乳汁投捍於牧羣爾乃以手向我釜內取肉先與人嘗之耶遂以指夾取令其食之於是四衛喇特人衆共以手指取肉食人之言互相非議馬額色勒貝侍衛擲肉出於外曰馬肋八條我並未食也君父其請食索岱明阿圖之肋八條乎言訖以足頓地而去是夜帶兵乘馬而至於克爾齊遜河弑巴圖爾鴻台吉額色勒貝侍衛乃

叛去諾延達喇濟農在濟農位二十三年歲次甲戌年
五十三歲歿布延巴圖爾鴻台吉生子博碩克圖濟農
諤勒哲炳鴻台吉班第墨爾根卓哩克圖弟兄三人諾
木圖都古稜生子滿珠錫哩鄂木博達賚諾延生子必
巴賽鄂特罕巴圖爾庫德德色淩二人莽固斯楚格庫
爾生子布納班鴻巴圖魯布達錫哩伊勒都齊本巴台
吉阿巴海鄂特罕卓哩克圖本巴岱岱青布延泰台吉
弟兄六人阿塔必斯達延諾延生子阿齊圖達延諾延

額成吉炳圖諾延瑪齊克鄂特罕諾延弟兄三人諤巴
卓哩克圖生子阿南達和碩齊諾延綽克圖台吉阿穆
桑台吉多爾濟岱青圖巴扎勒丹弟兄五人塔噶齊寧
桑生子班崇鴻台吉昆都楞生子貝瑪圖達奇和碩齊
生子奇塔特鴻台吉喇嘛斡齊爾格隆圖們達哩徹辰
和碩齊弟兄三人海努克巴圖爾生子奇塔特岱巴圖
魯固哲格齊固拉齊圖邁墨爾根諾延必巴賽諾延庫
森德諾延弟兄五人額恰昆都楞楚庫克爾生子衛瑪

遜罕桑和碩齊桑寨楚庫克爾諾延托濟徹辰楚庫克
爾生子諤努昆鴻台吉伊實欽台吉薩班達喇台吉額
斯克勒台吉弟兄四人楚嚕克青巴圖爾生子哈坦巴
圖魯青巴圖爾弟兄二人庫色勒衛徵生子多爾濟衛
徵桑鴻台吉弟兄二人瑚圖克齊齊克鴻台吉生子諤
勒哲伊勒都齊達爾罕巴圖爾錫塔台徹辰楚庫克爾
昆德德賓圖岱青布延岱徹辰卓哩克圖本巴岱綽克
圖台吉本巴錫哩徹辰巴圖爾達納錫哩哈坦巴圖爾

弟兄七人布延達喇郭拉齊巴圖爾生子莽固斯額爾德尼郭拉齊賽音達喇青巴圖爾無子阿穆岱墨爾根台吉生子圖壘青固拉齊伯勒格岱綳生子阿津岱綳諾延布爾賽徹辰岱青生子薩台固實鴻台吉薩濟巴圖爾鴻台吉衛喇特墨爾根諾延額德伊勒登和碩齊察庫墨爾根卓哩克圖色凌哈坦巴圖爾巴圖特台吉弟兄七人多爾濟達爾罕宰桑生子明愛青岱青鍾都類衛徵庫伯袞達什衛徵鴻台吉達賚宰桑錫喇卜綽

克圖翁圭楚庫克爾喇錫延台吉阿巴岱弟兄六人恩
克和碩齊生子桑濟和碩齊錫達達楚庫克爾本巴達
爾台吉弟兄三人圖邁達爾罕岱青生子本拜岱青諾
延本巴錫哩台吉察哩必台吉阿奇依台吉薩欽台吉
頞埒格台吉本巴台吉圖壘台吉弟兄八人明愛之音
扎生子布延台音扎諾延恩克錫哩台吉蒙克錫哩台
吉弟兄三人格齊吉伊勒登生子貝瑪圖諾延宰桑諾
延宰桑固爾拉齊衮布台吉弟兄四人庫圖克台生子

巴巴岱青布多爾徹辰卓哩克圖博羅摩爾台吉弟兄三人貝巴里生子博迪錫哩鴻台吉額默格勒德岱青拉拜台吉恩克台吉恩克錫哩台吉弟兄五人此九汗之子孫次序也其布延巴圖爾台吉被害後于己亥年撤兵庫圖克台鴻台吉云父殁於家子殘於敵令八白室内不可無奉祀之人博碩克圖濟農己丑年生歲次辛丑年十三歲至是立為濟農至三十七歲往見其叔阿勒坦汗諫云從前失陷城池與中國人結讐以致出亡

失統令汗壽已高漸至於老事之有益於今生以及來
世者惟在經教先賢曾言之今聞西方純雪地方有大
慈大悲觀世音菩薩出現祈遣使請來照從前神祖呼
必賚徹辰汗與胡土克圖帕克巴喇嘛設立道教豈非
盛事乎阿勒坦汗深為嘉許遂與右翼三萬人和好即
於丙子年令阿勒坦汗之阿都斯達爾罕阿奇依達爾
罕徹辰鴻台吉之鴻郭岱達延巴克實等充為使人往
請聖識一切之索諾木扎木蘇胡土克圖使人未到之

先其聖識喇嘛靜坐忽云蒙古之阿勒坦汗壽數既已
綿長誠心抑何篤實近侍徒衆聞而議之曰是何言也
繼而蒙古之使人至彼呈獻書信告以來請緣由聖識
一切喇嘛微笑云我等前世已結善緣我令必往令使
人先回稟告汗與施主付以書信促之起程使人等將
至三萬人共議在青海之察卜齊雅勒地方修造廟宇
歲次丁丑右翼之三萬人乘馬往迎直至察卜齊雅勒
地方初次往迎者乃永謝布之巴爾郭岱青鄂爾多斯

之哈坦巴圖爾土默特之瑪哈沁巴克什等八百人前
往呈獻幣帛諸寶駝馬等物見後欲指引之至烏蘭莫
稜以手指其水水遂逆流由是若輩肫誠無斁之敬心
益加篤矣二次往迎者乃鄂爾多斯之青巴圖魯土默特
之卓哩克圖諾延率千人前往叩獻贄儀五千乃於原
野湧出一泉大衆俱發至誠之心住宿烏蘭莫稜之夜
領受聖馬明王之吉獻供於大力班扎瑪哈噶拉授以
守教之事遣令往取蒙古地方之天龍由是至袞額爾

吉地方黄夜復將蒙古地方之龍罷羆魅駝馬牛羊貓鵰狼首各項妖魔盡行拘收鎮服焉

欽定蒙古源流卷六

欽定蒙古源流卷七

額訥特珂克土伯特蒙古汗等源流

其三次迎接者乃鄂爾多斯之徹辰洪台吉圖默特之達顏諾延為首帶領三千人往迎以各色緞絹錦蟒駝隻金鞍馬匹牲畜等物共萬件為贄呈獻叩拜於是顯示能識一切之四臂觀世音菩薩之像令徹辰洪台吉見之次日起行能識一切喇嘛所騎名諾爾布章扎之

紅馬途次所履石上顯出六字大衆見之大起至誠之心歲次戊寅大衆瞻仰聖識一切喇嘛皆甚歡悅汗與徹辰洪台吉二人審視能識一切喇嘛皆有驚駭之色其聖識一切之通事瓦齊爾圖邁袞歡津傳言問云汗與諾延二人何故審視我耶汗降旨曰我從前曾有足疾續因足疾復犯聞裝入馬腹内治之能愈是以殺馬以足伸入馬腹之内其痛愈不可忍忽舉首仰視見一白色人半天而至云汗爾何為作此大孽言訖不見由

是畏懼經土伯特阿里克喇嘛指教持誦六字呪語甚善曾令固密巴克什持捻數珠每日喙誦一百零八遍令詳視爾即其人也故我視之駭然徹辰諾延云從前我在父母膝下著棋為戲我母賜給馬頸正在欲食之際手中所持小刀忽向上躍起似中内臁落下刀尖插於地上拔刀仰視空中有一穿青衣少年嗔責之曰爾為何竟食馬肉耶倏忽不見由是我即戒食馬肉今甯視聖喇嘛即其人也喇嘛既能鑑照我輩我輩反不識

喇嘛是以為異而駭視之耳聖識一切喇嘛微笑曰汗與諾延之言誠然我等非止今日曾世世相會阿勒坦汗爾為曩昔青吉斯汗之孫胡必賚徹辰汗之時我為薩斯嘉班第達之姪瑪第都瓦雜帕克巴喇嘛因徹辰之秦貝福晉將功德喜金剛之全備等四灌頂并解脫隴灌頂等經廣為傳授曾與我漢語三聖大王國師之號欽賜寶印黄券尊為首舉喇嘛徹辰洪台吉爾於曩昔我世尊佛釋伽牟尼之時為瑪噶達國之祖克占寧

博汗曾為佛家施主爾弟徹辰岱青曾與爾同時為高
薩拉國之薩勒扎勒汗此大通事瓦齊爾圖邁歡津為
巴克什之時曾為鄂克羅咱瓦羅勒丹沙喇卜後于帕
克巴喇嘛之時曾為伊爾桑之喀喇默里圖通事又曾
為徹辰汗帕克巴喇嘛二人之通事今為我等三人之
通事併此次計之為我徒弟已三代矣復為爭鬬時之
轉輪阿勒坦汗照明昏暗部洲首先穿白衣乘白馬而
導引馮汗同諾延鍾錦福晉等帶領萬人又迎至於察

卜恰勒廟筵宴行相見禮以五百兩銀所造七珍八寶三十兩金碗內滿盛寶石上好緞各十端五色緞各百端各色寶石鑲嵌金鞍白馬十匹幣帛五千疋馬匹牲畜五千匹共萬件呈獻為贄大張筵宴歡悅共坐之際鄂爾多斯之徹辰洪台吉懇祈通事瓦齊爾圖邁衮歡津轉奏云從前適逢善緣之力供奉牌位聖喇嘛與施主汗二人如日月并照於天昔者奉上帝玉皇之吉佔據五色目之索多博克達青吉斯之孫觀世菩菩薩之

化身庫騰汗與轉輪胡必賚徹辰汗二人識見至極薩
斯嘉班第達生靈依庇之帕克巴喇嘛二人與蒙古有
道汗等及得獲薩斯嘉道之喇嘛等會合以道教使大
衆共享太平降自烏哈噶圖車辰汗以來道教漸衰大
衆造惡作孽血肉相殘令值爭鬬之時得與似釋伽牟
尼佛之聖喇嘛似玉皇大帝之大力汗二人相遇伏願
自今斂福衍慶之日為始將湧血之大江變為溢乳之
淨海開覺從前汗等遺留經史善路汗與喇嘛二人以

善相結則普遍大衆利益之事其重興矣是時漢人土伯特蒙古衛果爾喇嘛喀喇等聚集十萬餘人聞奏是言如孟夏鳩鳴之聲俱傾耳以聽所有人衆共相歡悅稱奇而聖識一切喇嘛與阿勒坦汗並汗之屬下喇嘛喀喇無不讚美嘆為希有從前蒙古人等死後則儘力宰殺駝馬殉葬以為盤費自此力改竭力奉行經教按年逐月並按八節持戒誦經其四項出家之人常人如動手詈罵譏誚綽爾濟等則照洪台吉例喇木扎木巴

噶卜楚則照台吉例格隆等則照塔布囊歡津台吉宰桑例其托音齊巴噶察烏巴什烏巴三察等則照官員例禁治每月持齋三日禁止殺牲漁獵若出家人違經教取妻者照經教以黑烟塗面令轉廟三匝責而遣之烏巴什烏巴三察等若違經教殺牲亦照前責處入官托音烏巴什等若飲酒則毀棄其所有之物並叅酌從前土伯特之三汗並蒙古胡必賚汗時舊例創立十善福經之政尊以聖識一切瓦齊爾達喇達賴喇嘛之號

照依諾們汗帕克巴喇嘛供奉四項瑚巴喇克不派畋獵不索供賦以整齊道教由是聖識一切瓦齊爾達喇達賴喇嘛贈給阿勒坦汗轉千金法輪咱克喇瓦爾第徹辰汗濟農哈什汗之號徹辰洪台吉則贈以從前額訥特珂克名郭喀噶爾弼徹辰洪台吉之號徹辰台吉則不改原號仍給與薩勒扎勒徹辰岱青之號瓦齊爾圖邁歡津則贈以灌頂慧翁歡津之號阿里克喇嘛則贈以額齊格喇嘛之號固密巴克什則贈以蘇喀歡津

之號阿玉錫巴克什則贈以阿南達固什之號以及諸
廷塔布囊巴克什官員等則隨其職之尊卑任之輕重
照經教之例均贈給名號焉先是聖識一切瓦齊爾達
喇達賴喇嘛曾許于尼洛木塔拉地方修造彌勒佛之
像前往尼落木塔拉之際正值阿勒坦汗汲服庫德勒
庫人衆許於歸化城將生靈依庇詔釋伽牟尼佛像用
寶石金銀裝嚴而博碩克圖咱克喇瓦爾第徹辰濟農
台吉許將一百八函甘珠爾經用寶石金銀裝修薩勒

扎勒徹辰台青許建立三世佛之廟均皆出於至誠達賴喇嘛前往尼洛木塔拉計及遊次叩拜領受灌頂聽經之人衆多必致躭延諭令班臣索納木扎克巴小瑚圖克圖云爾先前往駐宿尼洛木塔拉之中間到之日即入馬明王定中化導彼處土神或三日或七日内彼處有我一物其處土神自然指給與爾可將此物收好以備築砌廟基之用於是小瑚圖克圖遵諭先往到彼即遵照尊喇嘛諭言入坐馬明王定中越三日夜間見

一手雅少年服白衣自左至右斜掛白數珠一串披白
袈裟而來向小瑚圖克圖前以手加額叩拜訖跪白昔
者爾之尊聖達賴喇嘛為額訥特珂克南邊畢塔人等
之主袞楚克𢡍汗之子時曾給寶石裝飾金鞦轡踢胷
一副以及馬匹之各樣裝飾令我收貯又授我烏巴什
之戒上項物件我收守至今今汝既能照依爾尊喇嘛
所諭明日即取出給爾言訖不見及曉起視果有各種
寶石鑲嵌馬匹裝飾一副以喇嘛之言果驗取而敬謹

存貯廟內乃築基甫竣而聖識瓦齊爾達喇達賴喇嘛至矣是時土伯特有一托音前往彰地方貿易將瓦齊爾達喇達賴喇嘛畫像給與彼處之薩達木汗之父彼汗取而擲棄於地是夜即夢一穿黑之人前來執一水晶靶之刀向伊心窩刺之次早遂自鼻內流血而死令伊子薩達木汗因喇嘛施與仁慈其心感動覺悟從前惡習因難以明言伊父之過不得親身前往叩拜乃用百兩精金鑄為首級并金五百兩銀千兩各樣寶石緞

絹無筭令名札罕布哈者為首帶領三百人前往呈獻
云我於暗中誠敬懺悔祈禱若恵愛於我可照依喇嘛
身體修造一像發來復令獻精金十兩於是令巴勒布
之匠人等將喇嘛之像造成又將別項大有利益龕像
一併交使人持去薩達木汗不勝歡喜敬謹供奉喇嘛
之像壽享八十七歲其薩達木汗所獻之金幔於廟頂
並裝戍拉沁巴勒巴爾宣威大慈彌勒佛之像喇嘛親
身持授靈光顯降入化自天散下花雨大衆見之無不

起敬適彼處有一術士名商順博木博納木則者作法以雷來擊瓦齊爾達喇達賴喇嘛用袈裟承受擲於水中次早術士博木博至向聖喇嘛叩首請云我用術曾致死九十七人今用術以制聖喇嘛三次未能侵犯我已九十七歲死後將墮三惡道中今求將我從前所造之罪向觀世音菩薩之前禱祝懺悔以祈後世皈依佛教祈將格隆之戒授我我若死於爾前幸指我道路禱求畢因係托音至第七日乃死遂將伊引入菩提之路

由是汗請棟科爾滿珠錫里瑚圖克圖親身帶領歲次
己卯回至蒙古地方從前大明隆慶汗之四年歲次辛
未以徹辰洪台吉宣勞政治給與龍虎將軍之號及玉
印黄劵未及領受歲次庚辰年四十一歲自寧夏至榆
林城由二十一城內得獲大庫數藏歲次乙卯年七十
六歲大病外形消減內氣尚未盡絶蒙果勒津圖㸃特
之大臣官員等私相商議以此經教有何利益既無益
於汗之大壽更有何益乎皆此等喇嘛之欺誑也其殺

之云云時滿珠錫里瑚圖克圖闢之令圖默特之大臣官員等齊集汗前向伊等云凡始事無終如水中之月一身無恒如鏡中之形生死世之轉也凡生靈無不死者無論何人不能越過一死若無生亦無死惟金剛身佛則無死滅似此獲佛道者除誠愨尊經外別無他法幾見有未得佛道而能不死之人耶即三世衆佛今世之釋伽牟尼佛亦未將入之不死著於經今我尊喇嘛聖識一切瓦齊爾達喇達賴喇嘛明日若到亦不過似

此誦經若時命已至死復誰能阻止若時命未至所有災病藥與經之力皆可以治之令汗之命數既到不可治矣但聖識一切曾謂汗係觀世音菩薩化身如果佛法及承教之博第薩都與汗三人相會則仗聖識一切利益之力以驗聖汗之誠心唪誦經咒又令額爾德尼額爾德木圖蘊丹林沁醫士以藥吹入汗之鼻内祝云大汗其承教以來臨乎滿珠錫里瑚圖克圖唪誦三遍汗乃復生大衆稱奇傾心向化將從前議論直陳不諱

汗降旨曰爾十二圖默特之大臣官員等為何欲毀我
宣演之法以加害於胡巴喇克耶從前無佛法時我先
祖並無經教惟供奉本方土神又見誰人常在耶我以
前似我之汗似爾等之屬衆又有誰人常在誰人享壽
百年耶今我年將八十時亦至矣不獨我也即釋伽牟
尼佛曾以死之真實曉諭衆生而親身涅槃以示焉昨
我喇嘛未嘗誦聖識一切之經乎爾等俱未之聞乎若
鄂爾多斯徹辰洪台吉在此彼則知之越十餘日徹辰

洪台吉一聞前事即帶領妻子前來瞻仰汗甚喜悅笑將此事原委悉行告知並齊集十二圖默特之大臣官員等展閱楝科爾瑚圖克圖之經汗與徹辰洪台吉二人依次將經教功德反覆開示以日後勿毀法教勿害胡巴喇克之處載入書內令大衆設誓許以宣揚法教又在位一年以慰大衆年七十七歲歿戊戌年降生歲次甲申年四十七歲即汗位本年右翼三萬人共議差遣阿勒坦汗之布延往請瓦爾齊達喇達賴喇嘛允其

請來臨途次明地甘肅城其都堂盛設筵宴延請並呈獻贄贐其瓦齊爾達喇達賴喇嘛前所然香烟結成壽字雖用力撥之仍成字不散衆俱驚異甘肅所屬人衆呈獻贄儀無筭以誠求之遂傳與灌頂經文而至誠無悔之心油然興矣於是寧夏城之王為首都堂總兵大小各官以次延請頗著恭敬大衆於座中見聖識一切顔色純白一面四臂兩手於胸前合掌問訊左手執青蓮花右手持水晶數珠盤膝趺坐妙相全備各種裝飾

璀璨五色霞光煥耀大衆瞻仰呈獻贄儀誠意傾聽精
微經文至誠之心益加篤矣歲次己酉年四十四歲至
徹辰洪台吉所居之伊可錫巴爾地方於密魯克博羅
斯之界坐禪三月遂得權衡三界聖馬明王之道與庫
土克台徹辰洪台吉托爾罕珠拉徹辰福晉以及衆施
主前傳示無窮化導灌頂經教復廣為講解自是前往
北方途次各施主大臣官員無不邀請呈獻贄儀及至
博碩克圖徹辰濟農之地方指示建立三世廟宇之地

博碩克圖徹辰濟農徹辰洪台吉徹辰台青三人與瓦齊爾達喇達賴喇嘛前承受功德喜金剛全備之四灌頂設願不造諸般惡孽道教照前設立於是昏暗之地宣揚經教朗如皎日矣又前往十三圖默特地方至彼咎其已將阿勒坦汗之骨殖埋葬謂之曰似此無價之寶爾等為何棄擲於地遂起出焚化乃顯示神奇撿獲舍利子無數大衆稱異焉初其父阿拉克濟農原娶哈屯三人阿拉克濟農沒後阿勒坦汗將第三哈屯莫倫

納之所生獨子土伯特台吉身故伊母不畏作孽欲殺童子一百為殉駝駒一百為護庇及殺至四十餘小兒之後衆人爭議蒙果勒津之錫訥克烏爾魯克謂小兒耳聾又謂侍衛台吉若他人前往未免加害小兒不如我親身前去其殺我以殉之因彼不可殺遂停其事迨莫倫福晉歿後尸已埋葬緣造孽已深不能脫離鬼域化為鬼祟聖喇嘛知覺乃備三角竈造成功德威懼金剛布威佛火供遂於其內焚化福晉骨殖喇嘛唪誦經

咒召集四臂獄地主欲將鬼祟裝入三角竈內之際見一蛇形又蝎從衣袖內鑽入其頭昂於領外於是喇嘛誠心唪誦解釋世德濟渡亡魂之經見其頭點三次似為叩首之狀其尸仍復如舊後禪火自焚以所供之物呈獻住世出世諸佛並將衣服又蝎焚化其味臭穢人不可近或奔走趨避或張皇失據遥望見壇城烟內一道白光旋繞上起自上化一瓦齊爾薩都之神童而去大衆見之稱奇大起誠敬之心法教昭然如日照於昏

夜復如海水之洋溢矣由是前往喀喇沁圖默特地方
圖默特之衛新巴雅果特博爾濟吉斯毛明安之諾延
等邀請得聞廣大精微之經呈獻贄儀無算是時鄂爾
多斯之徹辰洪台吉年四十七歲歲次丙戌歿後令賽
堪囊素瓦齊爾托密固公什阿里占衛徵烏爾魯克伯
啟徹辰濟雅噶齊為首往送布延瓦爾齊達喇達賴喇
嘛深為嘆悼曰伊已獲菩提之道而去更有何說可惜
者爾等無福將一斛有利益之舍利子俱棄擲於地耳

言訖乃發善願為之轉輪其子鄂勒哲伊勒都齊達爾罕巴圖爾於伊父在日年十七歲衝入托默克軍陣身著盔甲起乘以戰殺其諸延二人大衆無不稱讚者是年丁亥授以巴圖爾徹辰洪台吉之號令其執政歲次乙丑年三十四歲歿前丁亥年有喀爾喀之阿巴岱噶勒照台吉前來叩見呈獻貂皮帳房幷幣帛牲畜皆以萬計隨意得以傾聽經文因謂之曰現在所供諸佛內任爾隨手請取一位因隨手取一手持金杵之像達賴

喇嘛曰此佛像從前喀木巴瓦齊爾汗供奉時被回祿之災所有滿堂供奉之佛以及房屋俱焚惟此佛像完好如舊此實大有利益佛像也又給與似大指之釋伽牟尼佛之舍利子以銅造成之藥王佛從額訥特訶克地方請來之有利益佛虎皮造成之帳房並幣帛諸物謂係巴雜爾巴尼之化身遂上大威儀瓦齊爾汗之號馬本年丁亥察哈爾之阿穆岱洪台吉前來叩見呈獻金銀幣帛等物駝馬皆以萬計告以我察哈爾之圖們

汗以及所屬大衆欲遣使敦請聖喇嘛以闡揚佛教能
識一切聖喇嘛云若於明歲上半年來請或能前往若
遲至下半年即恐無暇前往矣衆皆不省惟阿穆岱洪
台吉以此言何所謂而詳思之是以傳授阿穆岱洪台
吉之灌頂隴灌頂居多歲次戊子十月能識一切達賴
喇嘛一日坐於一高山頂上開花結果樹下見從樹梢
上降下托音一人遂招至互相叩拜二人以額訥特珂
克之語講論良久乃散侍立徒衆請問其故答以彼係

尼洛木塔拉廟之塔爾拜扎勒燦喇嘛以我起程將近故特來謁見耳回至廟中喇嘛遂不豫適有中國大明萬歷汗遣索丙保瑚薩青三員官為首帶領千人來請預備呈獻聖喇嘛有金床肩輿及金鞍白馬裝載各物之車三百輛延請贄儀係寶石精金百兩銀千兩諸色幣帛各百件勅諭云朕照依先太宗永樂皇帝汗扶持聖教照依蒙古之胡必賚徹辰汗贈給三聖大王國師之號尊為首舉聖喇嘛與察哈爾圖們汗之使臣克錫

克騰之圖邁洪台吉克木齊古特巴噶達爾汗諾延並所帶之千人同時而至聖喇嘛云二大國汗之旨諭極是明人蒙古二國之主二位大汗之旨非為己身實為衆生感此扶持佛教之恩欲往之心非不甚切令大力汗之使已到我去歲未與阿穆岱洪台吉言之乎明歲上半年則可下半年雖來我無暇前往矣其言乃有始將終之言令往他處以施利濟耳自前戊子年起紀三千六百七十五年歲次壬寅降生極尊之色身年四十

七歲戊子年三月二十六日於使臣前以極樂通慧神通化入觀世音菩薩胸前往臨佛地四月二十五日造火供焚化金身由泥丸現生觀世音菩薩上樂王佛之像明顯慈悲慧眼並獲舍利子無算字跡明顯儼然成一從前無怨汗所造之千尊塔矣乃能識一切慈鑒蒙古人等遂托於圖古隆汗之第四子蘇密爾岱青之達喇福晉之身有孕九月滿足已及十月歲次乙丑降生瑚畢爾罕即係聖識一切瓦齊爾達喇達賴喇嘛之極

尊化身大衆無不聞知其土伯特地方遣使來請乃蒙古等愚騃躁急謂係孩提之童如何遣去十三歲以内不許其往歲次壬辰鄂爾多斯之博碩克圖濟農於二十八歲時佔據鄂爾多斯萬人行兵明地之星錫庫河三日大有俘獲而歸適寧夏城之王姓總兵迎戰右翼鄂庫新之巴圖爾托郭哈爾噶敦之伊什圖哈喇庫濟哈留沁之吉壘濟雅噶齊布哈蘇巴圖爾圖魯拜首先衝入以戰徹辰洪台吉之長子鄂勒哲依伊勒都齊之

子巴圖台吉庚辰年生年甫十三歲乘號鄂欽德之紅馬追擒一執槍明人濟農以及所屬俱愛慕之遂以伊父之達爾罕巴圖爾之號贈馬歲次甲午徹辰濟農年三十歲復行兵明地由阿拉善前往榆林城之馬姓總兵追至遇左翼明譪青岱青之隊明譪青岱青之庫圖克台和碩齊塔布囊托克多爾伊勒都齊哈喇呼拉二人首先衝入奪取烏蘭格爾同兵由哈喇城徑行蒙古部落前往烏拉罕烏魯克地方其巴圖達爾罕巴圖爾

年十五歲未經同往令其同土伯特哈什噶濟雅噶齊帶領官兵殿後衆殿後兵尚未聚集一聞自腰站解送活口之言即迎前接戰哈爾噶達胡特古爾格之阿什圖哈喇庫濟哈勒吉遜海努克達哈密和碩齊二人首先衝入交戰之際巴圖仍乘號鄂欽德紅馬深入於烏努古齊之托羅海以及蘇海河中伏地方大破其衆擄獲盔甲馬匹等物滿載以歸大衆讚美復以其祖巴圖爾徹辰洪台吉之號贈給令其執政歲次戊寅能識一

切達賴喇嘛之化身年已十四歲送往土伯特地方隨
聖識一切班禪額爾德尼出家受格隆戒通曉經教史咒
精微之義照從前 能識一切喇嘛前往有利益地方
叩拜於隴地方廟內將尊信隴集雅木沁彌勒佛神妙
之像以銅範金自首裝飾下至於面造成一尊自在全
備形像大法身是佛之像忽然傾斜已勒布之匠衆人
等俱不能修正聖識一切蘊丹扎木素向是佛叩拜畧
加省視告曰此佛像之首所對本廟梁脊貯一得道阿

雜喇之屍佛像因避此傾斜耳即令登而視之果有人屍一具取而棄取大江能識一切達賴喇嘛散花開光佛像復竪如初顯示上項奇異之兆遂稱為知識一切藴丹扎木素瓦齊爾達喇達賴喇嘛一似從前達賴喇嘛聰敏已極廣建釋伽牟尼佛法幢闡揚前聖宗喀巴蘇瑪第吉爾第之教大地如日光普照矣

欽定蒙古源流卷七

欽定四庫全書

欽定蒙古源流卷八

額訥特珂克土伯特蒙古汗等源流

由是圖伯特地方之胡土克圖與墨爾根喇嘛等共議以蒙古地方竟無繼續達賴喇嘛掌教坐床之喇嘛乃揀擇巴特瑪三博斡巴克什之高徒大慈津巴扎木蘇之呼必勒罕根敦巴勒藏扎木蘇實哩巴達喇嘛係壬辰年生年十二歲遣往蒙古地方歲次甲辰年十三歲

到彼即坐聖識一切斡齊爾達剌達賴喇嘛索納木扎木蘇於蒙古地方所設之床普衆遂稱為大慈邁達哩胡土克圖歳次丙午年十五歳阿勒坦汗之姪婦托克對瑪齊克布延圖達賚哈屯用各色寶石造成彌勒佛像懇請開光喇嘛乃持誦秘密壇城散花之際天降花雨衆皆目覩慧光照臨有緣人衆無不仰見歳次辛亥年二十歳烏嚕固特之達賚烏巴什諾延為廟宇開光來請石上顯露足跡衆皆稱異其從前鄂爾多斯之博

碩克圖濟農三十二歲歲次丙申行兵西圖伯特地方
招服古嚕素納木扎勒之沙喇衛郭爾修明經教之事
未易言罄歲次丁未年四十三歲始將昭釋伽牟尼佛
十二歲之相用諸寶金銀合成佛像又將各種供器旗
幟全行修造至歲次癸丑年四十九歲造成歲次甲寅
年五十歲以正月十五日係佛大示變化之日懇請邁
達哩胡土克圖散花開光大降花雨顯示吉祥瓦齊爾
托密公固實青斡大固實鍾多里衛徵之子扎什衛徵

台吉三人商議尊上邁達哩胡土克圖以大慈諾們汗之號因給阿哩克緯爾濟號為達賚緯爾濟公固實號為灌頂大王固實大固實號為約噶西哩固實與緯爾濟等一體給與床坐又分別給與大小胡巴拉克名號仍矢誓願與諾們汗世世相遇並上博碩克圖濟農號為轉金輪西噶喇斡爾第徹辰濟農汗上台噶勒鍾錦福晉號為達喇博第薩都諾木齊達賚徹辰鍾錦哈屯稱其叔為莽固斯楚古克爾岱洪台吉稱左翼扎什號

為衛徵洪台吉稱恩克和碩齊為洪台吉右翼之庫圖克台徹辰洪台吉之長姪巴圖洪台吉之子薩納囊台吉甲辰年生年十一歲因係六國肇興道教人之後裔指伊始祖名號給與薩納囊徹辰洪台吉之號年十七歲位列大臣之職任以政事大加寵眷稱莽固斯呼拉齊號為額爾德尼呼拉齊洪台吉稱徹辰岱青之長子薩第徹辰岱青號為固實洪台吉稱次子徹辰號為巴圖爾洪台吉稱岱綳之姪烏巴什號為都噶爾岱青其

衆大臣塔布囊官員等酌量大小挨次給號致四大國
于太平登衆庶于衽席焉歲次辛酉年五十七歲因議
明地榆林城之事差往之使臣六十人被害濟農汗發
怒與御前衆大臣官員等公議遂統兵十萬由榆林城
西烏拉罕柴扎地方進逼章家城圍困三日城中為首
之明官七員獻書云我等向我首領都堂等商議請暫
解圍濟農汗然之撤兵而回至保安城有寧夏榆林二
城之總兵引兵二萬來戰特固爾格之莽固斯楚古克

爾諾延之長子博克班洪台吉單騎衝入其營馬被鎗斃身幾被擒用刀擊敗來犯之人舞刀以出是時拉瑪扎卜塔布囊額爾克塔布囊兄弟二人伯爾克宰桑博羅特哈坦和碩齊四人隨後一同殺入正欲結營之際見博克班洪台吉持轡而來遂結大營共謂今日天晚收兵駐劄明日再戰是夜週圍固守天未明敵人已遁遂俘獲無算振旅而回歲次壬戌圖默特之鄂木博洪台吉之使臣博爾拜侍衛諾延塔拉圖丞相濟雅噶圖

侍衛通事三人與鄂爾多斯之莽固斯洪台吉布延岱
徹辰卓里克圖薩納囊徹辰洪台吉三諾延議政每年
進濟農汗銀共三千兩每月銀二百五十兩復抵償所
殺之六十人給銀六百兩其辦理政事之大臣官員塔
布囊等另為賞賚由是治道輯寧歲次癸亥年五十九
歲交阿哩克達賚綽爾濟録完金字甘珠爾經令拉克
巴胡土克圖開光供奉又許願前往西宗喀巴之肆納
囊蘇處敦請丹珠爾經至歲次甲子年六十歲歿其妻

岱罕達喇博第薩都諾木齊徹辰鍾錦哈屯作百日善事於壽終之地將昭佛寶像用銀造成又用銀千兩及各種寶石造塔將汗之屍骸焚化裝入供獻於昭釋伽牟尼佛廟內衆官商議欲遣人前往西藏之昭釋伽牟尼佛各廟熬茶自能識一切達賴喇嘛以至衆胡土克圖均給與幣帛以祈福緣汗之子策凌額爾德尼洪台吉林沁額葉齊岱青圖巴台吉吹拉台吉弟兄四人內第三子圖巴台吉曰我報父恩情願前往伊母然之即

於是歲遣往長子策凌額爾德尼岱青洪台吉辛卯年生歲次丙寅年三十六歲即位六閱月即於是年歿其時圖巴台吉前至西藏四處叩拜博克達班禪額爾德尼并能識一切達賴喇嘛自貽釋伽牟尼以及各廟均行散福博克達班禪額爾德尼在宗噶巴蘇瑪第吉爾第之噶爾丹廟內唪誦宗噶巴世代源流博克達班禪者係曩昔釋伽牟尼佛之弟子名蘇布第乃大乘聲聞之羅漢傳授金剛經在東方沙木巴拉地方稱為特古

斯伊扎固爾圖汗大作功德轉輪傳法于是化為主持額訥特珂克地方之納噶租納巴克什之高徒巴貝噶喇托音以闡揚善旨烏巴第斯之本又化為額訥特珂克之瑪噶達地方之阿必雅噶喇烏巴達尼隨約噶尼佛母得識不畏涅槃之道通徹各種經史凡講經論道至於至極又化為本處超尊克勒穆爾齊將功德秘密之義全行闡揚又化為圖伯特之綽克圖薩斯嘉地方之班第達恭噶扎勒燦屏去五百巴克什等之異端將

異端巴克什名喇勒巴占者帶至圖伯特地方藉從前巴特瑪三博斡持誦之力令其死於途次因五項之知識已臻其極超出額訥特珂克地方衆約噶匝哩成全秘咒之流派於威鎮世界之圖伯特地方竭力於凱珠卜格勒克巴勒桑經文史咒之義及巴喇密特薩斯第爾等知識之德以登彼岸遂化為純雪地方之第克納噶喇嘛了悟三教二品等義又於圖伯特之溫薩巴廟内化為扎勒斡羅卜藏瑞珠卜與肇興一切知識不可

倫比大有權變之汗相同供奉於精微秘咒金剛輪纛頂之上遂獲不壞金剛法身令化為博克達班禪蘇瑪第達爾瑪都斡咱其神妙肫誠變化無窮之德藝有庸流之所不能盡述者歲次乙未蒙古多倫土默特之多噶托音與海林烏格德巴圖爾塔布囊等行兵圖伯特地方於扎克博哩山收服藏巴汗之十萬大兵將同之際時博克達班禪頞爾德尼正在扎什倫布廟內坐禪忽然心動以為綏定伊等獲福無量遂乘號諾爾布旺

泌之馬倏至兩軍之間將下馬時其馬足蹤跡宛似印
泥顯露於峰巒之上衆皆見之甚為駭異其前知三世
之巴特瑪三博斡能知未來經有云五百年後濟碩特
河界當生一有名之人倏至搆兵之際操持惻隱菩提
心阿彌陀佛之化身喇嘛於和木錫木博第薩都地方之
扎克博哩山救十萬人之命以造無窮之福是以際此
戰鬭之時而言博克達班禪額爾德尼之德藝者如彙
大海於涓滴也於是大衆於博克達班禪額爾德尼前

得聞金剛珠灌頂以及大啟精微金剛乘秘密灌頂隴
教無不如願又歲次丙辰前世達賴喇嘛蘊丹扎木蘇
年二十八歲圓寂歲次丁巳在薩斯嘉達克博地方化
為丹巴古嚕巴諾延之子博克達班禪額爾德尼知之
告以若於五歲之前請至廟内則於壽命有礙至六歲
令布賚綳之弟子等隨從並攜帶托音衣服以抵古嚕
巴諾延家中衆見之驚異環視及入室内其小兒忽問
曰巴克什班禪爾來何遲也博克達班禪即從荷包内

取出冰糖呈獻曰孺子閎矣乎抱而坐之與博克達班禪講論經卷奥妙之語大衆無不駭異歲次壬戌博克達班禪額爾德尼請至布賚綳穿戴黄衣黄帽落髪為僧入學肄業了無滯礙博克達班禪云今世德業必造其極矣遂命名為羅卜藏扎木蘇於是圖巴台總洪台吉為首率領由蒙古地方前來之喇嘛喀喇人衆向能識一切之達賴喇嘛羅卜藏扎木蘇多方懇求是歲己丑年甫九歲傳授消釋乇否之六臂瑪哈噶拉灌頂唪

誦經文義理了無滯礙衆皆稱異謂實係觀世音菩薩
化身云其所居之布賚繃廟內有前輩能識一切之達
賴喇嘛蘊丹扎木蘇之舍利子塔前開光博達班禪額
爾德尼達賴喇嘛羅卜藏扎木蘇二喇嘛遂作吉祥之
會令第巴囊蘇高聲唪誦遂上圖巴台吉以台總洪台
吉之號並給與附近之固實喇嘛喀喇人衆名號稱薩
爾推綽爾濟為多郭魯克散稱岱青綽爾濟為濟靈噶
藏稱綽爾濟為達賚綽爾濟之號其多塔爾密噶特根

敦達爾罕桑噶斯巴之子徹辰綽爾濟博克達班禪額爾德尼以卦驗示之云併此次計算爾與我為徒相會三次爾乃輔助蘇瑪第吉爾第教之高徒自此爾之道將大為傳播矣因給與固實徹辰綽爾濟之號又謂大克埒穆爾齊阿斯多克斡齊爾托密灌頂大王固實之子都喇勒囊蘇曰爾乃曩昔鄂芝雅納地方噶喇卜多爾濟之高徒名巴特瑪哈揚吉爾斡喇嘛曾於積雪地方匝克喇斡爾第汗之時化為卓克囉壘扎勒燦之克

勒穆爾齊令生為薩木靈地方之根敦班珠爾旺楚克與我又相會矣至此已三次為我之弟子因給與噶喇卜班第達壘扎勒燦之號稱為高行弟子云又給與古嚕塔布囊以古揚塔布囊齊達罕三達克以蘇喀固實圖薩圖徹辰侍衛以徹辰歡津之號其餘小托音喇嘛喀喇人衆均挨次給號以徵瑞應焉正欲自彼回程噶喇卜班第達壘扎勒燦通譯啟云前輩博克達斡齊爾達喇達賴喇嘛能令昏暗部洲炳如日光大發慈悲乃

培植我等根基之聖喇嘛也迨後能識一切之達賴喇嘛蘊丹扎木蘇生於我汗族中能承經教以普洪慈令聖識一切之喇嘛其恵愛我等降臨東方蒙古之本地乎達賴喇嘛羅卜藏扎木蘇並無一言遂大哭泣第巴囊蘇問云聖喇嘛緣何哭泣因提及前二聖而見惡乎抑謂由本處不能跋涉遠地乎抑謂我蒙古倚仗力强强行請囘乎仍緘默無言大衆俱以瑞應已兆何必提及他事於是出走喇嘛喚囘令繕寫書信給與賫儀於

己丑年遣回乃起程回歸之際念及從前曾在賽音濟農汗前許以奉請繕寫銀字之丹珠爾經於丙寅年善為送至母氏哈屯乃齊集鄂爾多斯之諾延並延請邁達哩胡土克圖諾們汗持授銀字丹珠爾經正在散花開光之際土默特之達賚綽爾濟達爾罕綽爾濟二人為首率領胡巴喇克等以及博碩克圖汗之姪烏什啟伊勒登塔布囊哈噶圖台吉策凌洪岱青唐古岱公塔布囊塔拉圖丞相達爾扎洪台吉之温雜特巴諾延唐

噶哩克塔布囊唐古忒公錫格沁喀喇沁汗之綽爾濟衛徵垂扎木蘇唐古忒固實布延阿海之布木班諤勒哲圖侍衛等使者至馬是時次子林沁額葉齊岱青係庚子年生丁卯年二十八歲即汗位謂係有根基人之子遂上薩囊洪徹辰洪台吉之號稱汗於是念君臣之道在諸們汗邁達哩胡土克圖之前同聽功德金剛灌頂仗彼福力大獲利益靈丹胡土克圖與汗為髫髮之交後大國廢墜之時薩囊徹辰洪台吉起兵外出正值

察哈爾之官員等會盟而回因與珠拉圖巴圖爾侍衛
邁都該達爾罕侍衛囊蘇巴圖爾伊勒都齊三人自幼
為友遂糾合三百人歲次甲戌年三十一歲由瀚海退
回彼時向林沁徹辰濟農奏曰我等與察哈爾會合而
回今欲與汗一同回去林沁徹辰濟農然之遂回即於
是年戌月初三吉日照依普木粗克凌廟內能識一切
喇嘛之卦驗回至薩囊徹辰洪台吉國之達木地方一
路安善由是林沁徹辰濟農前往原游牧處所叩拜昭

釋伽牟尼佛住宿於伊納之家從前察哈爾阿勒坦蘇
巴爾罕之宰桑策楞將博多瑪勒主之白室令圖巴台
總洪台吉特古勒德爾居住亦曾宿於伊納家中於是
弟兄大聚人衆歲次甲戌年三十五歲匝噶喇斡爾第
徹辰濟農先即汗位其時鄂爾多斯土默特所餘之大
小諾延收集所屬人衆乘亂脫出途中相會遂稱博達
台楚古克爾號為額爾克諾延並給與首先糾衆擊讐
之薩囊洪台吉號為額爾克徹辰洪台吉封為行兵則

執纛前行圍場則居中行走之達爾罕其大小諾延等則論其功績酌量加恩有差措天下於太平一如前日馬再滿珠

太祖汗初以智勇收服衆庶招降三江之珠爾齊特取恩克察罕珠爾齊特精太師之統其後午年行兵內地取大明汗之東省樂亭府郡天現明星昭示祥瑞鄂爾多斯之斡齊爾圖邁灌頂大王固實曰此

太祖汗係有大福之人此星係大力汗之威力星由是觀之非

常人也於是遐邇地方俱稱為大力巴圖魯

太祖汗馬嗣統為

太宗汗壬辰年降生歲次丙寅年二十九歲行兵至明蓋州其總兵官領兵出戰大隊齊發三太師諾延由後掩襲取城掠衆佔據地方大有俘獲乃五鄂托克喀爾喀之蘇克寧桑諾延以我等取貢之城邑爾為何破取遂興兵來戰因而擄其集沙諾延復遣人向哈屯台吉屬人等諭曰爾等未破他人城垣之先欲先自亂其部落乎我

實不肯作惡於爾蒙古等耳爾等其體道遵理認罪悔過誠心懇祈放爾諾延於是遣二台吉為首獻上牲畜億萬始將集沙諾延放還由是

詔旨日漸遠播威棱大振沿邊之蒙古等無不畏懼其林丹庫圖克圖汗帶領右翼之三萬人衆遷移乃聯絡科爾沁之衆諾延等遂稱為徹辰汗其後林丹庫圖克圖汗運敗妻蘇台太后係珠爾齊特精太師之子德勒格爾太師之女同子額爾克洪果爾二人限於時命仍回原處

汗族之諾延四人領兵往迎歲次乙亥五月于鄂爾多
斯游牧之托賚地方被獲因取蒙古汗之統歲次己丑
年四十四歲遂尊為
阿固達鄂羅錫葉克齊德格都額爾德木圖鼐喇穆達果博克
達徹辰
汗歲次丁丑年四十六歲行兵明地圍錦州城一年勦殺洪蘇
朗巴圖魯等十三總兵官所屬之兵遂破錦州全軍而
回是時博克達班禪額爾德尼能識一切達賴喇嘛備

書印餽儀差密納克之固實綽爾濟號為伊拉固克敦

德招都頦爾德穆圖博克達徹辰汗處致書并將從前卦驗呈

胡土克圖者前往東方和爾摩斯達

閱云伏見三世輪迴眾生而得此可珍可寶之身實如

晨星罕見況統馭大眾尊而為汗者不更難乎是以值

此戰鬭之時幸遇大有威力之

汗以道法教育人眾乃要務耳更祈扶持佛教為我教中施主

等語

汗親身接見齊集大衆請入居住
盛京城尊伊拉固克散胡土克圖為巴克什喇嘛受取
愜意灌頂隴教講究精微經典以廣衍教法歲次癸未
伊拉固克散胡土克圖辭回本處贈與贐儀無筭
汗復贈與博克達喇嘛二人諸寶金銀各色幣帛降密
旨云朕將往取大明汗都城俟世事理竣再迎博克達喇嘛二
人相見以闡揚佛教遂降
旨取大都城正欲行兵之際歲次癸未壽享五十二歲升遐諸

王大臣遵奉
汗旨往征明地以圍九門之城乃賊目李闖已害大明崇禎汗
而克取大都城山海關之吳姓總兵歸附
汗王於是滿漢會合遂出李闖歲次甲申遂承明統而為君焉
先是蒙古托衮特穆爾烏哈噶圖汗歲次戊申漢人朱
葛諾延年二十五歲襲取大都城即汗位稱為大明朱
洪武汗其烏哈噶圖汗之第三福晉係洪吉喇特托克托
太師之女名格呼勒德哈屯懷孕七月洪武汗納之越

三月是歲戊申生一男朱洪武降旨曰從前我汗曾有
大恩於我此乃伊子也其恩應報可為我子爾等勿以
為非遂養為己子與漢福晉所生之子朱代共二子朱
洪武在位三十年歲次戊寅五十五歲卒大小官員商
議以為蒙古福晉之子雖為兄係他人之子長成不免
與漢人為仇漢福晉之子雖為弟乃嫡子應奉以為汗
朱代庚戌年生歲次戊寅年二十九歲即位在位四越
月十八日即卒於是年無子其蒙古福晉所生子於己

卯年三十二歲即位於是即請噶爾瑪巴之特袞齊楞伊呼克森囉勒貝多爾濟薩斯嘉之大乘丹簪綽爾濟黃教之大慈扎木禪綽爾濟等三人闡揚法教俾大國普衆安享太平在位二十二年歲次庚子年五十歲卒子宣德汗丙寅年生歲次辛丑年三十六歲即汗位以父所請之喇嘛扎木禪綽爾濟為護法共享太平在位十年歲次庚戌年四十五歲卒子正統汗戊戌年生歲次甲寅年十七歲即汗位戊午年二十歲為衛喇特之

額森太師執去弟景泰汗庚子年生歲次己未年二十歲即位歲次癸亥衛喇特人衆送回正統汗弟景泰汗以兄身膺天命讓即汗位正統汗自謂為天所厭爾可仍舊不允其請景泰汗復在位三年共八年歲次丙寅年四十七歲卒歲次丁卯正統汗年三十歲復即汗位因復位遂稱為天順汗在位十七年歲次癸未年四十六歲卒子成化汗甲寅年生歲次甲申年三十一歲即汗位在位二十三年歲次甲子五十六歲卒子正德汗丙

戌年生歲次乙丑年四十歲即位在位十六年歲次庚辰年五十五歲辛嘉靖汗戊午年生歲次辛巳年二十四歲即位在位四十五年歲次己丑年六十八歲卒子隆慶汗壬午年生歲次丙寅即位在位七年歲次壬申年五十一歲卒子萬歷汗辛亥年生歲次癸酉年二十三歲即汗位在位四十八年汗時一如永樂皇帝令大國人衆共享太平歲次庚申年七十七歲卒子泰昌汗辛巳年生辛酉年即位辛年四十一歲在位十一月即於

是年卒子天啟汗甲辰年生歲次壬戌年十九歲即汗位在位七年歲次戊辰年二十五歲卒弟崇禎汗己亥年生歲次己巳年三十一歲即位在位十六年歲次甲申滿洲順治

皇帝取其統緒順治

皇帝戊寅年降生歲次甲申年七歲坐大明汗之金床天下咸稱為順治

皇帝總統南方八十萬漢人西方阿木多喀木二十六部落圖

伯特北方四萬衛喇特東方三萬高麗中原四省滿珠
六萬蒙古天下一統頒賜恩賞隨其大小均給與部落
之汗諾延大臣王貝勒貝子公等爵號創建
大業鴻緒又安歲次辛卯年十四歲以
先帝曾降旨取大都城後理竣世事即延請博克達喇嘛二人
興起法教於是遣使延請二博克達喇嘛博克達班禪
額爾德尼以年老未至惟能識一切達賴喇嘛羅卜藏
扎木蘇前來歲次壬辰年十五歲至於大都城外修建

黄墻廟宇内建三世佛像達賴喇嘛及隨從弟子所居
精舍以及庫藏俱裝飾威嚴大興佛教以隆重佛嗣博
克達能識一切達賴喇嘛遂以衆生依庇之博克達班
禪額爾德尼稱為昂依齊喇嘛輔助佛教廣興聖道俾
四境無累八方無擾大國太平如日中天乃
大皇帝之恩也賴此有慶邊陲寧謐蒼生樂利致天下太平於
無既矣自昔世界生靈以及額訥特珂克稱汗以來以
至衆生戰鬬之時乃

聖武汗篤生致天下於久安長治而諸福慧菩薩顯著引導生
靈以統攝天下佛教常新
列聖御極乂安率土筆所不能盡述謹就所識集而成書緣庫
圖克台徹辰洪台吉之裔小徹辰薩囊台吉頗有遠識
願知一切乃將汗等源流約畧叙述並將珍異奇葩之
卷講解精妙意旨紅冊沙爾巴胡土克圖編纂發明賢
哲心意之蓬花漢史雜噶拉斡爾第汗所編之經卷源
委古昔蒙古汗等源流大黄冊等七史合訂校自乙丑九

宮值年八宮翼火蛇當值之二月十一日角木蛟鬼金羊當值之晨起至六月初一日角木蛟鬼金羊當值之晨告成如有差謬之處幸祈原諒賢哲見之幸為改正若云有合於古則以為上天如意之寶而永為學者開心上蓮花云耳

欽定蒙古源流卷八

總校官中書臣孫　溶

圖書在版編目（CIP）數據

蒙古源流 / (清) 薩囊徹辰撰. — 北京：中國書店, 2018.8
ISBN 978-7-5149-2037-6

Ⅰ. ①蒙… Ⅱ. ①薩… Ⅲ. ①蒙古族－民族歷史－中國－清代 Ⅳ. ①K281.2

中國版本圖書館CIP數據核字(2018)第080023號

四庫全書·雜史類

蒙古源流

作者　清·薩囊徹辰　撰
出版發行　中國書店
地址　北京市西城區琉璃廠東街一一五號
郵編　一〇〇〇五〇
印刷　山東汶上新華印刷有限公司
開本　730毫米×1130毫米　1/16
印張　23
版次　二〇一八年八月第一版第一次印刷
書號　ISBN 978-7-5149-2037-6
定價　八六　元